essentials

Essentials liefern aktuelles Wissen in konzentrierter Form. Die Essenz dessen, worauf es als „State-of-the-Art" in der gegenwärtigen Fachdiskussion oder in der Praxis ankommt. *Essentials* informieren schnell, unkompliziert und verständlich

- als Einführung in ein aktuelles Thema aus Ihrem Fachgebiet
- als Einstieg in ein für Sie noch unbekanntes Themenfeld
- als Einblick, um zum Thema mitreden zu können

Die Bücher in elektronischer und gedruckter Form bringen das Fachwissen von Springerautor*innen kompakt zur Darstellung. Sie sind besonders für die Nutzung als eBook auf Tablet-PCs, eBook-Readern und Smartphones geeignet. *Essentials* sind Wissensbausteine aus den Wirtschafts-, Sozial- und Geisteswissenschaften, aus Technik und Naturwissenschaften sowie aus Medizin, Psychologie und Gesundheitsberufen. Von renommierten Autor*innen aller Springer-Verlagsmarken.

Moritz Senarclens de Grancy

Arbeitsplätze sind Beziehungsplätze

Führung und Organisation im Spiegel der Psychoanalyse Freuds und Lacans

Springer

Moritz Senarclens de Grancy
Dr. Moritz von Senarclens de Grancy
Berlin, Deutschland

ISSN 2197-6708 ISSN 2197-6716 (electronic)
essentials
ISBN 978-3-662-71435-5 ISBN 978-3-662-71436-2 (eBook)
https://doi.org/10.1007/978-3-662-71436-2

Die Deutsche Nationalbibliothek verzeichnet diese Publikation in der Deutschen Nationalbibliografie; detaillierte bibliografische Daten sind im Internet über https://portal.dnb.de abrufbar.

© Der/die Herausgeber bzw. der/die Autor(en), exklusiv lizenziert an Springer-Verlag GmbH, DE, ein Teil von Springer Nature 2025

Das Werk einschließlich aller seiner Teile ist urheberrechtlich geschützt. Jede Verwertung, die nicht ausdrücklich vom Urheberrechtsgesetz zugelassen ist, bedarf der vorherigen Zustimmung des Verlags. Das gilt insbesondere für Vervielfältigungen, Bearbeitungen, Übersetzungen, Mikroverfilmungen und die Einspeicherung und Verarbeitung in elektronischen Systemen.
Die Wiedergabe von allgemein beschreibenden Bezeichnungen, Marken, Unternehmensnamen etc. in diesem Werk bedeutet nicht, dass diese frei durch jede Person benutzt werden dürfen. Die Berechtigung zur Benutzung unterliegt, auch ohne gesonderten Hinweis hierzu, den Regeln des Markenrechts. Die Rechte des/der jeweiligen Zeicheninhaber*in sind zu beachten.
Der Verlag, die Autor*innen und die Herausgeber*innen gehen davon aus, dass die Angaben und Informationen in diesem Werk zum Zeitpunkt der Veröffentlichung vollständig und korrekt sind. Weder der Verlag noch die Autor*innen oder die Herausgeber*innen übernehmen, ausdrücklich oder implizit, Gewähr für den Inhalt des Werkes, etwaige Fehler oder Äußerungen. Der Verlag bleibt im Hinblick auf geografische Zuordnungen und Gebietsbezeichnungen in veröffentlichten Karten und Institutionsadressen neutral.

Springer ist ein Imprint der eingetragenen Gesellschaft Springer-Verlag GmbH, DE und ist ein Teil von Springer Nature.
Die Anschrift der Gesellschaft ist: Heidelberger Platz 3, 14197 Berlin, Germany

Wenn Sie dieses Produkt entsorgen, geben Sie das Papier bitte zum Recycling.

Es ist nicht möglich, die Bedeutung der Arbeit für die Libidoökonomie im Rahmen einer knappen Übersicht ausreichend zu würdigen. Keine andere Technik der Lebensführung bindet den Einzelnen so fest an die Realität als die Betonung der Arbeit, die ihn wenigstens in ein Stück der Realität, in die menschliche Gemeinschaft sicher einfügt. Die Möglichkeit, ein starkes Ausmaß libidinöser Komponenten, narzißtische, aggressive und selbst erotische, auf die Berufsarbeit und auf die mit ihr verknüpften menschlichen Beziehungen zu verschieben, leiht ihr einen Wert, der hinter ihrer Unerläßlichkeit zur Behauptung und Rechtfertigung der Existenz in der Gesellschaft nicht zurücksteht.

Sigmund Freud, 1930a, Das Unbehagen in der Kultur, S. 438

Vorwort von Mag. Martin Engelberg

Als ich gebeten wurde, ein Vorwort für „*Arbeitsplätze sind Beziehungsplätze – Führung und Organisation im Spiegel der Psychoanalyse Freuds und Lacans*" zu verfassen, war ich sofort von der Aktualität und Dringlichkeit der behandelten Thematik beeindruckt. Dieses Buch von Moritz Senarclens de Grancy beschäftigt sich mit dem Kern eines Wandels, der unsere Arbeits- und Lebenswelt unaufhaltsam durchdringt: der Rolle von Beziehungen im digitalen Zeitalter und ihrer Bedeutung für die Dynamiken in Organisationen. Als Psychoanalytiker, Berater und politischer Akteur in Wien – der Stadt Sigmund Freuds und Geburtsstätte der Psychoanalyse – sehe ich diese Perspektive als besonders bedeutsam. Der Übergang von traditionellen Hierarchien zu beziehungsorientierten Führungsmodellen wird hier nicht nur analysiert, sondern als dringend notwendige Antwort auf die Herausforderungen der Gegenwart verstanden.

Im Zentrum steht die Idee, dass Arbeitsplätze heute mehr denn je Beziehungsplätze sind. Mit der digitalen Transformation sehen sich Organisationen und Führungskräfte immer wieder dazu gezwungen, sich auf narrative und affektive Dynamiken einzulassen, die weit über klassische Arbeitsprozesse hinausgehen. Arbeitsbeziehungen werden zu Orten, an denen libidinöse Investitionen – die psychischen Energien, die wir in soziale und berufliche Bindungen legen – nicht nur Ausdruck individueller Identität, sondern auch zentrale Aspekte der Organisationskultur sind. Die Art und Weise, wie diese Beziehungen gestaltet und gelenkt werden, beeinflusst unmittelbar das, was wir als *Identifizierungen* im Arbeitskontext verstehen – ein Prozess, in dem sich Individuen über die Narrative und Werte, die eine Organisation und ihre Mitglieder verkörpern, mit diesen verbinden. Diese Identifizierungen werden in einer zunehmend vernetzten und datengetriebenen Gesellschaft zur strategischen Ressource.

Doch diese Transformation betrifft nicht nur das Innere von Organisationen. Die Bedeutung der Beziehung zwischen Institutionen und den Bürgern selbst ist heute unübersehbar. Die Narrative, die politische Institutionen nach außen vermitteln, sind entscheidend, wenn es darum geht, Vertrauen (wieder) herzustellen und die Kluft zu überwinden, die immer mehr Menschen von den gesellschaftlichen Vorgängen in ihren Umgebungen entfremdet. Auch staatliche Institutionen und ihre Führungsebenen müssen mehr denn je eine Beziehung zu den Geschichten und Bedürfnissen ihrer Klienten und Bürger ermöglichen. Dieser Perspektivwechsel verlangt eine Führungskultur, die lebendige Beziehungen fördert und die Fähigkeit zur Selbstreflexion in den Mittelpunkt stellt.

Freuds Einsichten in die Struktur des Unbewussten und Lacans Diskursmodell eröffnen hier wertvolle Zugänge des Denkens: Es ist das Begehren, die Dynamik eines Mangels, welche Beziehungen stiften oder auch fehlgehen lassen. Organisationen, die als Teil der Gesellschaft erfolgreich sein wollen, müssen die Narrative ihrer Mitarbeitenden und Kunden verstehen können. Was in der Politik gilt – das Bedürfnis, Teil eines größeren, sinnstiftenden Geschehens zu sein – ist ebenso für die Arbeitswelt entscheidend. Auch in meinem eigenen Wirken als Berater und Politiker spielt dieser Gedanke eine zentrale Rolle: Jene Kunst der Führung zu etablieren, die einen Raum erschafft, in dem narrative Kohärenz und libidinöse Bindungen zusammenfließen, um haltbare und lebendige Arbeitsbeziehungen zu ermöglichen.

Für all jene, die sich mit der Gestaltung von Organisationen, Arbeitswelten und den Bedingungen einer produktiven Gesellschaft auseinandersetzen, ist dieses Buch ein wertvoller Begleiter. Ich hoffe, dass die Lektüre die Leser dazu anregt, die Bedeutung von Beziehungen zu erkennen und auf was es zu ihrer Gestaltung im gegenwärtigen wirtschaftlichen und gesellschaftspolitischen Umfeld ankommt.

Martin Engelberg

Danksagung

Mein besonderer Dank gilt Philip Boxer, dessen Erfahrung und Forschung eine bedeutende Grundlage für dieses Buch bilden. Seine Einsichten und seine kontinuierliche Auseinandersetzung mit den Herausforderungen moderner Organisationen haben meine Arbeit entscheidend geprägt.

Ebenfalls möchte ich das Arbeitsseminar hervorheben, an dem ich seit vielen Jahren unter Philips Leitung mitwirken darf. Dieses Seminar hat nicht nur zur Vertiefung meiner eigenen Ideen beigetragen, sondern bietet auch einen einzigartigen Raum für Austausch und kollektives Lernen im Kontext der Psychoanalyse Freuds und Lacans. In diesem Sinne danke ich meinen Kollegen Peter Edward, Mark Argent und Richard Veryard, deren Perspektiven und Rückmeldungen wesentlich zu den Diskussionen und Entwicklungen beigetragen haben.

Für die sorgfältige Prüfung und wertvollen Ergänzungen meines Manuskripts danke ich von Herzen Thea Mikkelsen und Janne Krippl. Ihr Engagement und ihre kritischen Anmerkungen haben die Qualität dieses Buches maßgeblich bereichert.

Ein besonderer Dank gilt auch der International Society for the Psychoanalytic Study of Organizations, die das Netzwerk für viele der hier genannten Kolleginnen und Kollegen einschließlich meiner selbst bildet. Die ISPSO bietet einen inspirierenden Rahmen, um Erfahrungen und Wissen zu teilen, und hat entscheidend dazu beigetragen, die Entwicklung und den Austausch innovativer Ideen zu fördern.

Ohne die Unterstützung und Inspiration all dieser Menschen und dieses Netzwerks wäre dieses Buch nicht in der vorliegenden Form entstanden. Ihnen allen gebührt mein tiefster Dank.

Einleitung

Digitalisierung und Künstliche Intelligenz fordern traditionelle Führungsansätze und bewährte Strukturen heraus. In privaten wie staatlichen Organisationen erweisen sich bestehende Ordnungen als zu starr, um auf die inhärenten Asymmetrien – jene Unterschiede zwischen dem aktuell Verfügbaren und dem Gewünschten – adäquat zu reagieren. Der technologische Wandel zwingt Unternehmen und Institutionen dazu, sich nicht länger als isolierte Einheiten zu verstehen, sondern als integrale Bestandteile komplexer, dynamischer Ökosysteme. Dabei rücken die Qualität und Tiefe zwischenmenschlicher Beziehungen immer stärker in den Fokus der Führungsdebatte.

Der Band *Arbeitsplätze sind Beziehungsplätze – Führung und Organisation im Spiegel der Psychoanalyse Freuds und Lacans* setzt an diesem Punkt an und integriert die vielfältigen Facetten der modernen Organisationsentwicklung. Das Buch entfaltet in drei Kapiteln ein vielschichtiges Bild: Es diskutiert nicht nur die dringliche Frage, ob wir angesichts der digitalen Transformation eine neue Epoche in der Unternehmensführung benötigen, sondern beleuchtet auch, wie asymmetrische Führungsansätze (wie sie unter anderem von Philip Boxer propagiert werden) eine neue Logik eröffnen.

Boxer weist darauf hin, dass es nicht ausreicht, die eigenen internen Strukturen rein auf Effizienz auszurichten. Vielmehr müssen Organisationen ihre strategische Ausrichtung an den immer wechselnden narrativen und affektiven Dynamiken der Kunden, Mitarbeiter und weiterer Stakeholder ausrichten. Das Konzept der asymmetrischen Führung verortet den Schlüssel zur Bewältigung von Wertdefiziten – also den Lücken zwischen bestehender Leistung und den sich wandelnden Erwartungen – in einer Führungskultur, die sich flexibel an der Schnittstelle zwischen internen Prozessen und externen Beziehungen orientiert.

Der Band greift diese Herausforderungen auf und erweitert den Blick: Er verwebt psychoanalytische und systemische Ansätze mit modernen Konzepten der digitalen Transformation, um zu zeigen, wie Arbeitsplätze nicht länger rein funktionale Orte sind, sondern zu lebendigen Beziehungskonstellationen werden. Themen wie die Libidoökonomie der Diskurse, die Verdopplung der doppelten Aufgabe und die Notwendigkeit von dynamischem Holding und Containment verdeutlichen, dass Organisationen heute mehr denn je auf narrative Kohärenz und auf die Integration unbewusster, affektiver Prozesse angewiesen sind, um sowohl intern als auch im Austausch mit ihrem Ökosystem tragfähig zu bleiben.

In einer Zeit, in der traditionelle hierarchische Führungsmodelle an ihre Grenzen stoßen, eröffnet der Ansatz der asymmetrischen Führung – als Ausdruck einer relationalen Agilität – neue Perspektiven. Diese Agilität ermöglicht es, flexibel auf die sich ständig verändernden Bedürfnisse der Kunden, Mitarbeiter und gesellschaftlicher Akteure zu reagieren, ohne dabei die notwendige Stabilität der internen Strukturen zu verlieren. Unser Buch zeigt auf, wie es gelingen kann, diese scheinbaren Widersprüche zu überwinden und in einer von digitalen Innovationen geprägten Welt Arbeitsplätze als Beziehungsräume neu zu denken.

Damit richtet sich diese Arbeit an Führungskräfte und die mit ihnen arbeitenden Berater, Coaches, Psychoanalytiker sowie an alle, die den Mut haben, herkömmliche Managementansätze zu hinterfragen und stattdessen die Potenziale einer neuen, asymmetrisch orientierten Führung zu erschließen. Es bietet einen umfassenden theoretischen sowie praxisbezogenen Rahmen, der – gestützt auf die Ideen von Freud, Lacan, Rice und Boxer – Wege aufzeigt, wie Organisationen die Krise traditioneller Ordnungen in Chancen für eine nachhaltige, beziehungsorientierte Zukunft transformieren können.

Inhaltsverzeichnis

1	**Brauchen wir eine dritte Epoche in der Unternehmensführung?**	1
	Drei Epochen der Psychoanalyse in der Organisationsforschung	2
	Asymmetrische Führung im digitalen Zeitalter	4
	Disruptive Narrative	5
	Social Identity Approach und Freuds Identifizierungsbegriff	6
	Organisationen und Ökosysteme	9
	Angebot und Nutzungskontext	10
	Die Ränder der Organisation als Orte der Innovation	11
	Narrative – Wissen wird erzählt	12
2	**Die Verdopplung der doppelten Aufgabe**	17
	Aufgabe und Rolle	17
	Primäre Aufgabe und primäres Risiko	18
	Kritik an A.K. Rice und dem Tavistock-Ansatz	19
	Containment und Holding	21
	Doubling the double task	23
	Dynamisches Holding und Containment	24
	Asymmetrische Führung und die Rolle der Organisation im Wandel	25
	Relationale Führungsstrategie	26
3	**Libido, Diskurs und Organisation**	27
	Libidoökonomie und Organisationsentwicklung	27
	Diskurs und narrative Struktur	28

Libidoökonomie der Diskurse 30
Lebendige Organisationen 31
Die Kehrseite des Diskurses 32

Was Sie aus diesem *essential* mitnehmen können 35

Ausblick: Führung als Praxis in Wirtschaft und Politik 37

Literatur 39

Brauchen wir eine dritte Epoche in der Unternehmensführung? 1

In den letzten Jahrzehnten haben sich die Anforderungen an Führungskräfte grundlegend verändert. Traditionelle Modelle, die auf klar definierten Hierarchien und Strukturen basierten, wichen zunehmend dynamischen und flexiblen Ansätzen. Dies war notwendig, um den komplexen und oft widersprüchlichen Herausforderungen in modernen Organisationen gerecht zu werden. Arbeitsplätze sind heute mehr denn je Beziehungsplätze, da Unternehmen nicht mehr nur auf die Erreichung operativer Ziele ausgerichtet sind, sondern auf die Förderung sozialer Dynamiken und emotionaler Bindungen sowohl zwischen den Mitarbeitern als auch zwischen den Organisationen und den Ökosystemen, innerhalb derer sie agieren. Vor diesem Hintergrund haben Organisationsforscher wie Philip Boxer die Notwendigkeit einer dritten Epoche im psychoanalytischen Verständnis von Führung (Boxer, 2011b, 2017) postuliert.

Diese dritte Epoche stellt einen innovativen Ansatz in der Führung und Organisationsentwicklung dar, der auf die von den digitalen Innovationen getriebenen Veränderungen reagiert. Doch was ist neu daran? In einer Welt, die zunehmend von Unsicherheiten, Komplexität und Disruption geprägt ist, finden bereits umfassend bekannte Konzepte wie VUCA (Volatility, Uncertainty, Complexity, Ambiguity) und BANI (Brittleness, Anxiousness, Non-Linearity, Incomprehensibility) Anwendung, um Entscheidungsumwelten neu zu beschreiben. Während VUCA die Herausforderungen dynamischer Märkte und technologischer Fortschritte betont, schärft BANI das Bewusstsein für die Fragilität und Unvorhersehbarkeit moderner Systeme.

Boxers Ansatz der dritten Epoche der Führung erweitert diese Konzepte, indem er Organisationen als beziehungsbasierte Systeme begreift, die als Folge von *Identifizierungen* entstehen. Im Fokus steht nicht nur die Reaktion auf äußere

© Der/die Autor(en), exklusiv lizenziert an Springer-Verlag GmbH, DE, ein Teil von Springer Nature 2025
M. Senarclens de Grancy, *Arbeitsplätze sind Beziehungsplätze*, essentials, https://doi.org/10.1007/978-3-662-71436-2_1

Einflüsse, sondern ein „one-by-one dynamic alignment" (Boxer, 2017, S. 2) zwischen der Organisation und ihren Kundensystemen: „We need to be able to address how individuals are to sustain their identifications with the way enterprises are organized when the enterprises themselves are having to innovate continuously ‚under their feet'. This is why we need a third epoch" (ebd.).

Werfen wir jedoch zunächst zum besseren Verständnis von Boxers Epochen-Ansatz einen kurzen Blick zurück auf die Theoriegeschichte.

Drei Epochen der Psychoanalyse in der Organisationsforschung

In der Verbindung von Psychoanalyse und Organisationsforschung ließen sich bisher zwei zentrale Ansätze unterscheiden, die als verschiedene „Epochen" psychoanalytischer Anwendungen in Unternehmen und Gruppen beschrieben wurden (Gabriel, 2016). Diese Epochen stellen aufeinanderfolgende Theorieentwicklungen dar, die einander indes nicht ablösen, sondern gleichzeitig koexistieren.

Die erste Epoche betrachtete Organisationen wie Individuen, die ‚psychoanalysiert' werden können. Hierbei wurden klinische Erkenntnisse auf Gruppen und Organisationen übertragen, um kollektive Dynamiken zu verstehen. Dieser Ansatz umfasste auch die psychodynamische Systemtheorie (Fraher, 2004) und brachte zentrale Konzepte wie Bions Erforschung des Gruppenbewusstseins, Trists soziotechnischen Durchbruch, Emerys offene Systemtheorie, das Primäraufgabenmodell von Rice sowie Jacques' und Menzies' Untersuchungen zu sozialen Systemen als Abwehrmechanismen gegen Angst zusammen. (Armstrong, 2012) Auch die Sozioanalyse ist größtenteils in dieser Epoche verwurzelt, wenngleich sie durch ihre Betonung von Sprache und Intersubjektivität bereits eine Brücke zur zweiten Epoche schlägt.

In dieser zweiten Epoche trat die Psychoanalyse in Dialog mit weiteren Fachdisziplinen wie Sozialwissenschaften, Philosophie, Diskursanalyse, Literaturkritik und Rhetorik und befasste sich mit der Organisation von Unternehmen und der Rolle des Individuums innerhalb dieser Strukturen. Der Fokus lag dabei auf kritischen und interpretativen Ansätzen, insbesondere auf der Bedeutung von Sprache und Subjektivität. Arbeiten, die sich auf Lacans frühe Theorien stützen, heben diese Perspektive besonders hervor (Arnaud & Vanheule, 2007). Die zweite Epoche verschob die Aufmerksamkeit weg von der „Psychoanalyse von Organisationen" hin zur Nutzung psychoanalytischer Sprache, um Organisationen und ihre Dynamiken zu beschreiben. Dabei wuchs auch das Interesse an der

Psychoanalyse Lacans, die nunmehr verstärkt eingesetzt wurden, um das Verhältnis von Subjektivität, Sprache und Organisation zu untersuchen (Arnaud, 2002; Arnaud & Vanheule, 2007; Harding, 2007; Driver, 2009).

Die dritte Epoche greift diese Impulse auf, um Organisationen nicht nur als Systeme oder Sprachkonstrukte zu verstehen, sondern als lebendige Netzwerke, die von Beziehungsdynamiken und unbewussten Prozessen geprägt sind. (Boxer, 2014, 2017).

Ein Beispiel: Ein mittelständisches Familienunternehmen in der Medizintechnik entwickelt seit Jahrzehnten innovative Produkte für den Einsatz in Krankenhäusern und Pflegeeinrichtungen. Die Firma ist bekannt für ihre qualitativ hochwertigen Geräte und verfügt über einen gewachsenen Kundenstamm. Doch ein neu gegründetes Startup betritt den Markt und verändert die Spielregeln: Das Startup nutzt Künstliche Intelligenz (KI) und digitale Plattformen, um seinen Kunden maßgeschneiderte Lösungen des Krankenhausbedarfs anzubieten. Es sammelt in Echtzeit Daten aus der Nutzung seiner Produkte und schafft es, Kundenerfahrungen präziser zu verstehen, um Produktentwicklung, Fertigung und Lieferkette schneller und effizienter an die Anforderungen seiner Kunden anpassen zu können. Überdies kooperiert das Startup mit spezialisierten Fertigungsunternehmen weltweit und bietet Produkte zu wettbewerbsfähigen Preisen an, indem es den Kundenprozess von der Bestellung bis zur Lieferung digital optimiert. Schließlich nutzt es künstliche Intelligenz, um künftige Marktbedarfe vorherzusagen und neue Angebote zu entwickeln, die Kunden direkt in ihre Arbeitsabläufe integrieren können. Innerhalb kürzester Zeit stellt dieses innovative datengetriebene Geschäftsmodell eine ernste Bedrohung für das etablierte Familienunternehmen dar.

Was kann die dritte Epoche der Verbindung von Psychoanalyse und Organisationsforschung hier leisten? Sie schärft das Bewusstsein dafür, weshalb und wie das genannte Unternehmen auf die technologischen Veränderungen reagieren müssen, um ihre Wertschöpfungsnetzwerken zu erhalten: Nicht mehr Hierarchien oder Produktorientierung stehen im Mittelpunkt, sondern die Fähigkeit, *agile Beziehungen* zu den Ökosystemen der Kunden aufzubauen. Denn in den Beziehungen zu den Nutzern der Produkte und Dienstleistungen finden sich die 'Daten', die zur Weiterentwicklung der Angebote erforderlich sind.

Asymmetrische Führung im digitalen Zeitalter

Der Begriff der Asymmetrie (Boxer & Eigen, 2005b) gewinnt im digitalen Zeitalter besondere Bedeutung. Asymmetrie bedeutet, dass das Handeln des Anderen für mich nicht unmittelbar sinnhaft erscheint und ich daher unsicher bin, wie ich darauf reagieren soll. In einer solchen Lage befinden sich sowohl Unternehmen als auch Staaten, die keine tragfähigen Beziehungen zu ihren Kunden, Bürgern oder Nachbarn unterhalten. Daraus folgt, dass essenzielles Wissen über Nutzungskontexte nicht innerhalb der Organisation zu finden ist, sondern in den Beziehungen zu den Kunden gesucht werden müssen. Asymmetrie beschreibt somit ein Ungleichgewicht – eine Differenz zwischen dem verfügbaren Wissen und den tatsächlichen Erwartungen. In diesem asymmetrischen Beziehungsgeschehen erkennt Boxer das Wertdefizit: "In fact, the nature of the real demand is ever changing as it morphs through complexity of use in different situations" (Boxer & Eigen, 2005b, S. 9).

Während traditionelle Geschäftsmodelle noch dem Prinzip „Der Kunde ist König" folgen und bestehende Bedürfnisse bedienen, orientiert sich asymmetrische Führung am Wertdefizit von Kunden und Bürgern: Unternehmen müssen aktiv erforschen, welche verborgenen oder noch nicht artikulierten Bedürfnisse bestehen – und wie diese in den jeweiligen Nutzungskontexten relevant werden. Dies erfordert ein neues Führungsverständnis, das auf Beziehungsdynamiken und kontinuierliches Lernen setzt.

Tatsächlich war geschäftlicher Erfolg immer schon eng mit der Fähigkeit verknüpft, die Sprache der Kunden zu sprechen. Doch im Zeitalter der Digitalisierung reicht das nicht mehr aus. Unternehmen müssen in die Narrative ihrer Kunden eintreten und Produkte sowie Dienstleistungen so gestalten, dass diese über ihre Funktion hinaus als Teil persönlicher Lebensgeschichten attraktiv werden (Pine & Gilmore, 1999).

Die Digitalisierung bringt mit sich, dass Unternehmen sich nicht länger allein als Anbieter von Lösungen sehen können, sondern dass sie in den Narrativen ihrer Kunden relevant bleiben müssen. Dies erfordert eine Führung, die nicht nur auf Symmetrie und Gleichheit im Austausch mit den Kunden setzt, sondern bewusst die Differenzen – die asymmetrischen Beziehungen – erkennt und nutzt, um Innovation und Wertschöpfung voranzutreiben (Prahalad & Ramaswamy, 2004), indem sie die Führung an die Ränder der Organisation verlagert (Boxer & Eigen, 2005b).

Um in diesem asymmetrischen Wettbewerb zwischen Unternehmen und Kunden mitzuhalten, nutzen etwa Sportartikelhersteller wie *Nike* verschiedene Formen der Co-Kreation durch ihre Sponsoring-Deals mit Athleten und deren Teams.

Dies ermöglicht ihnen die Entwicklung neuer Innovationen ausgehend von den Lernerfahrungen, die sie als Teil ihrer Co-Design- und Unterstützungsbeziehungen machen. Gleichzeitig schaffen ihre Fertigungs- und Logistikplattformen die Möglichkeit, dass Kunden aktiv an der Gestaltung und Just-in-time-Lieferung der resultierenden Produkte mitwirken können. Ein bekanntes Beispiel für diese Personalisierung ist die Plattform *Nike By You* (ehemals *NikeID*), auf der Kunden ihre eigenen Schuhe personalisieren und designen können. Darüber hinaus sammelt *Nike* kontinuierlich Feedback und Daten von seinen Kunden, um neue Varianten von Produkten und Designs zu entwickeln, die durch die Zusammenarbeit mit Athleten und Teams besser auf die Bedürfnisse und Wünsche der Verbraucher abgestimmt sind.

Anstatt die Entscheidungsmacht ausschließlich bei Führungskräften oder internen Teams zu konzentrieren, verteilen Unternehmen wie *Nike* diese Macht, indem sie Athleten und Kunden zu Mitentwicklern machen. Führung in der dritten Epoche fördert eine solche Verlagerung von Einfluss von der Unternehmensspitze an die Ränder der Organisation (Boxer & Eigen, 2005a), wo sie auf mehrere Akteure verteilt werden können, um agiler auf Marktveränderungen reagieren zu können. Asymmetrische Führung meint daher, dass Führungskräfte, während sie sich auf die Eins-zu-eins-Integration in die narrative Struktur ihrer Kunden einlassen, die wettbewerbsrelevanten Spannungen und Widersprüche nicht nur innerhalb der Organisation, sondern auch in ihrem gesamten Ökosystem wahrnehmen und als Potenziale für Entwicklung und Transformation verstehen (Boxer & Eigen, 2005a; Western, 2008).

Disruptive Narrative

Disruption entsteht, wenn Unternehmen feststellen, dass ihre Kunden andere Narrative in Bezug auf ihre Produkte und Dienstleistungen entwickeln, als es die eigenen Marketingstrategen vorhergesehen haben. Automobilhersteller erlebten dies bereits bei städtischen Kunden und jüngeren Generationen, die Autos nicht mehr als Statussymbole betrachten, sondern als praktische Fortbewegungsmittel. Traditionelle Einzelhändler, die lange auf stationären Handel setzten, wurden von E-Commerce-Plattformen wie Amazon und Alibaba überholt, die das wachsende Kundenbedürfnis nach Bequemlichkeit und schneller Verfügbarkeit bedienen. Bekleidungsunternehmen wiederum stehen durch den gesellschaftlichen Trend zur Nachhaltigkeit und den Wunsch nach fairen Lieferketten unter Druck. Ebenso haben Fintech-Startups das klassische Kundenverständnis von Banken infrage gestellt, was diese zur Digitalisierung und Verbesserung mobiler Dienste zwang.

Armstrongs (2018) Konzept der *Organization-in-the-Mind* bietet einen psychodynamischen Hintergrund, um diese Dynamiken zu verstehen. Organisationen entwickeln implizite Annahmen über die Bedürfnisse und Erwartungen ihrer Kunden, die zu einem zentralen Bestandteil ihrer Identität und Entscheidungsfindung werden. Diese mentalen Modelle projizieren Unternehmen unbewusst auf ihre Strategien und Angebote. Disruption entsteht, wenn Kundennarrative diese Projektionen unterlaufen und damit die bestehende Narrative eines Unternehmens destabilisieren. Der Erfolg disruptiver Akteure liegt darin, dass sie die Wandlungen in den Narrativen und Wertvorstellungen der Kunden erkennen und in ihre Geschäftsmodelle integrieren, während etablierte Unternehmen und Organisationen an den bereits verblassenden Erzählweisen festhalten.

Um sich auf solche Disruptionen vorzubereiten, müssen Unternehmen lernen, wie sie rechtzeitig Veränderungen in den Narrativen von Kunden und Bürgern erkennen können. Bislang waren Unternehmen *Herr* ihrer eigenen Erzählungen – und sie konnten darauf vertrauen, dass sich ihre Zielgruppen diesen Narrativen bereitwillig unterwerfen. Inzwischen sehen sich Organisationen jedoch veranlasst, flexibel und schnell auf die sich dynamisch verändernden Narrative ihrer Kunden zu reagieren, bevor es Mitbewerber tun. Damit gehen tiefgreifende Auswirkungen auf alle Unternehmensbereiche einher; etwa auf die Art und Weise, auf welche Weise sich Menschen mit ihren Organisationen *identifizieren*. Für Unternehmen besteht die Herausforderung darin, nicht nur konsistente Botschaften zu senden, sondern sich kontinuierlich mit den Erwartungen und Werten ihrer Kontaktgruppen zu befassen und zum Teil der eigenen Identität werden zu lassen. Doch wie entstehen eigentlich Identifizierungen?

Social Identity Approach und Freuds Identifizierungsbegriff

Der *Social Identity Approach to Effective Leadership,* wie er von Rolf van Dick (2016) entwickelt wurde, betont die Bedeutung sozialer Identität für effektive Führung. Nach diesem Ansatz definieren sich Individuen nicht nur durch ihre persönlichen Merkmale, sondern wesentlich durch ihre Zugehörigkeit zu sozialen Gruppen. Effektive Führung entsteht, wenn die Führungsperson als prototypisches Mitglied der Gruppe wahrgenommen wird und damit deren Werte und Normen verkörpert. Dieser Identitätsfokus hebt hervor, dass Führung nicht allein auf individuellen Eigenschaften oder charismatischer Autorität beruht, sondern auf der Fähigkeit, kollektive Identität zu formen und zu verstärken.

Sigmund Freuds Konzept der Identifizierung (1921c) erlaubt es, diesen Ansatz zu vertiefen, indem es die psychodynamischen Mechanismen hinter der sozialen Identitätsbildung offenlegt. Freud unterscheidet drei Formen der (unbewussten) Identifizierung:

1. Die Identifizierung mit einer Person oder einem Objekt, das begehrt wird. Sie ist durch den Wunsch geprägt, sich bestimmte Eigenschaften oder Attribute anzueignen.
2. Die Identifizierung mit einem Vorbild im Sinne eines So-sein-Wollens. Hier versucht das Subjekt, die Werte und Einstellungen eines Anderen zu übernehmen.
3. Die Identifizierung mit einem Affekt, also einer emotionalen Reaktion auf einen wahrgenommenen Mangel oder eine Herausforderung. Diese Form der Identifizierung kann zur Bildung von Gruppenzusammenhängen beitragen.

Jacques Lacan reformuliert Freuds Konzept der Identifizierung im Rahmen seines Dreiregistermodells (RSI: das Reale, das Symbolische und das Imaginäre). Die erste Form der Identifizierung lässt sich als imaginär verstehen: Sie basiert auf einer Spiegelbeziehung, in der das Subjekt sich in einem idealisierten Bild des anderen erkennt. Die zweite Form gehört in das Register des Symbolischen, da sie durch Sprache und soziale Strukturen vermittelt wird. Hier kommt es dazu, einzelne Züge des anderen zu übernehmen, um eine Zugehörigkeit zu konstituieren. Die dritte Form ist diejenige, die am tiefsten ins Reale reicht: Sie entsteht aus einem geteilten Mangel heraus und führt zu einem Begehren, das innerhalb der Gruppe organisiert wird.

Diese psychoanalytischen Perspektiven können den Social Identity Approach to Effective Leadership ergänzen, indem sie zeigen, dass Führung nicht nur Effekt einer gemeinsam geteilten Identität ist, sondern *wie* die Identifizierung durch unbewusste Vorgänge entsteht. Besonders die dritte Form der Identifizierung, die auf einem gemeinsamen Mangel basiert, spielt eine zentrale Rolle in dynamischen und herausfordernden Arbeitsumfeldern. Denn sie ermöglicht es Individuen, sich um ein kollektives Begehren zu organisieren – sich also nicht nur in bestehenden symbolischen Ordnungen einzupassen, sondern diese herbeizuführen. In der modernen Arbeitswelt bedeutet dies, dass Führung nicht nur die Werte einer Gruppe widerspiegeln sollte, sondern auch die unbewussten Dynamiken, die ihre Identität strukturieren, erfassen können sollte.

Damit wird deutlich: Erfolgreiche Führung entsteht nicht nur durch geteilte soziale Identität, sondern auch durch die Möglichkeit, Identifizierungen zuzulassen, die Gruppen dazu befähigen, sich mit Herausforderungen produktiv auseinanderzusetzen. Dies ist besonders relevant in Zeiten von Unsicherheit und Wandel, in denen Identitätsbildungen nicht nur stabilisierend, sondern auch innovativ wirken sollten.

Praktische Relevanz im Kontext der *Third Epoch Leadership*
Ein Beispiel für die dritte Form der Identifizierung ist das Unternehmen Peloton, das zu Beginn der 2020er Jahre durch digitale Fitnesslösungen eine ganz neue Art des Fitness- und Wellbeing-Erlebnisses geschaffen hat. Peloton bietet keine einfachen Trainingsgeräte an, sondern eine umfassende Lösung, die das Bedürfnis vieler Kunden nach Flexibilität, sozialer Verbundenheit und einem gesunden Lebensstil in einer zunehmend hektischen und fragmentierten Welt adressiert. Vor der Einführung von Peloton bestand für viele Fitnessbegeisterte das Problem darin, dass sie entweder ins Fitnessstudio gehen mussten, was Zeit und Planung erforderte, oder zuhause ohne die soziale Motivation trainierten, die sie in Gesellschaft mit anderen erfahren.

Die Entwickler von Peloton haben diesen Mangel im Nutzerrarrativ ihrer Kunden erkannt und bieten eine passende Lösung an: Durch die digitale Vernetzung ermöglicht es Peloton, von zu Hause aus an Live-Kursen teilzunehmen, bei denen die Teilnehmer dennoch das Gefühl haben, Teil einer Community zu sein. Die Plattform sammelt außerdem Nutzerdaten und passt das Angebot kontinuierlich an die Wünsche und Bedürfnisse *jedes einzelnen* Kunden an, was die Kundenbindung festigt und das Produkt auf die aktuellen Anforderungen der Nutzer zuschneidet.

Das Besondere an diesem Beispiel ist, dass es Peloton gelingt, eine Identifizierung auf der Grundlage eines kollektiven Bezugs zu einem Mangel zu schaffen, den der Einzelne im Hinblick auf seine Gesundheit erlebt – nämlich den Wunsch nach einem gesunden Lebensstil in einem stressigen Alltag verbunden mit dem Bedürfnis nach Kontakt mit Gleichgesinnten. Dabei variiert die spezifische Beziehung zu diesem Mangel je nach individueller Erfahrung des eigenen Körpers. Die Mitglieder der Peloton-Community identifizieren sich durch ihre gemeinsame Herausforderung und den Wunsch, diesen individuellen Mangel durch ein flexibles und sozial integriertes Fitnesserlebnis zu bewältigen. Peloton ist daher ein Beispiel dafür, wie die dritte Form der Identifizierung – die Ansprache eines real empfundenen Mangels – nicht nur Kohärenz innerhalb eines Teams oder einer Gemeinschaft schafft, sondern auch erfolgreich eine Dienstleistung (unterstützt durch ein Produkt) auf dem Markt positioniert, die genau auf diese Bedürfnisse eingeht.

Dieses Modell der Identifizierung ist nicht nur für die Kundenbindung, sondern auch für die Zusammenarbeit innerhalb des Unternehmens von Bedeutung. Mitarbeiter und Führungskräfte, die in der Lage sind, sich mit dem Mangel ihrer Kunden zu identifizieren, können effektiver zusammenarbeiten und sind eher bereit, an kreativen Lösungen mitzuarbeiten, um für diesen Mangel Angebote zu schaffen, die die Lebenssituation von Menschen verbessern.

Organisationen und Ökosysteme

Die Beispiele aus dem vorherigen Abschnitt verdeutlichen, dass Organisationen im digitalen Zeitalter nicht länger isolierte Einheiten sind, die ihre Produkte und Dienstleistungen auf einem klar abgegrenzten Markt anbieten. Stattdessen interagieren sie mit dynamischen und komplexen Ökosystemen, in denen sich die Marktdefinitionen durch die Beziehungen zu anderen Akteuren ständig wandeln. Der Begriff *Ökosystem* hebt genau diesen Aspekt hervor, nämlich dass Führungskräfte und Mitarbeitende eines Unternehmens in einem Netzwerk wechselseitiger Abhängigkeiten wirken. Dieses Netzwerk umfasst nicht nur die internen Beziehungen zu Kollegen, Mitarbeitern und Vorgesetzten, sondern auch die Beziehungen zu verschiedenen externen Akteuren wie Kunden, Lieferanten, Wettbewerbern, Verwaltungsmitarbeitern, Influencern, Aktivisten oder weiteren Akteuren der Zivilgesellschaft. Gleichwohl stellen Kontinuität und Konsistenz der Markenidentität eines Unternehmens, wie sie sich in den Narrativen seiner Mitarbeiter widerspiegeln, gerade in dynamischen Umfeldern für die Orientierung und Zufriedenheit der Kunden wichtige Eigenschaften dar. (Schwartz, 2009).

Arbeitsplätze sind daher weit mehr als bloße Orte der effizienten Produktivität; sie sind vielmehr Orte potenziell wirksamer Beziehungen – also Orte, an denen menschliche Verbindungen entstehen, gedeihen, aber auch auseinandergehen können. In der zweiten Epoche der Führung, die durch Dezentralisierung und Netzwerke geprägt war und durch das dominante Narrativ der Organisation definiert wurde, konnten die Beziehungen zu den Anderen noch als gegeben angesehen werden. Im Zeitalter der Digitalisierung und der disruptiven Veränderungen geht es nunmehr darum, diese Beziehungen auf der Grundlage *co-kreierter Narrative* auf unterschiedlichen Ebenen zu führen. Mehr als alles andere scheint diese Fähigkeit entscheidend zu sein, um als Organisation zu überleben.

Wenn man in diesem Zusammenhang von lebendigen Organisationen sprechen möchte, so wären diese von einer agilen Beziehungsfähigkeit gekennzeichnet, die sich wandeln und die auf die Narrative der Akteure in ihrem Ökosystem reagieren kann.

Angebot und Nutzungskontext

Im Zentrum der Beziehung zwischen einem Unternehmen und seinen Kunden steht stets eine Aufgabe – ein Mangel oder eine Herausforderung, aus der ein Angebot an Produkten und Dienstleistungen entsteht. Die Beziehung zwischen Angebot und Nachfrage ist eine dynamische: Im digitalen Zeitalter wird das Angebot zunehmend durch umfassende Informationen und Daten geprägt, die darüber Aufschluss geben, wie Güter und Dienstleistungen von den Kunden und Bürgern tatsächlich genutzt werden. Der *Nutzungskontext* der Kunden gewinnt eine immer zentralere Bedeutung und ist zugleich einem ständigen Wandel unterworfen, der sich, wie beschrieben, disruptiv auf die Marktbedingungen und über die Zukunft von Unternehmen entscheidet. Um in dieser Dynamik mithalten zu können, müssen Unternehmen die narrativen Elemente in den Nutzungskontexten ihrer Kunden verstehen und integrieren. Diese Anforderung stellt das tradierte Selbstverständnis vieler Organisationen auf eine grundlegende Probe.

Notwendig ist jedoch auch, dass Organisationen das digitale Zeitalter und den Einsatz von „smart machines" (Zuboff, 1984) richtig deuten: Der rasante Einzug der Künstlichen Intelligenz ersetzt keineswegs die grundlegende Bedeutung echter Beziehungsarbeit für das Fortbestehen von Unternehmen und Organisationen. Nur durch den persönlichen Austausch gewinnen Organisationen Zugang zu den Narrativen, deren Teil sie werden müssen, um Angebote zu entwickeln, die tatsächlich die gewünschte Wirkung entfalten.

Disruptionen als eine mittelbare Folge von Digitalisierung und Künstlicher Intelligenz treten derweil immer überraschender auf. Der Wandel des Nutzungskontext in den Ökosystemen der Kunden verändert die Spielregeln des Wettbewerbs und die Art und Weise, wie Wertschöpfung verstanden wird. Das lenkt den Fokus auf die Außenbeziehungen von Organisationen – also zu den Mitgliedern der Zivilgesellschaft in ihren verschiedenen Ökosystemen.

Hinzu kommt, dass die Digitalisierung Produkte zunehmend in Dienstleistungen verwandelt, die darauf abzielen, Kunden in ihren jeweiligen Ökosystemen eine positive Veränderung ihrer Lebenssituation zu ermöglichen. Ein Beispiel sind Autos, die nicht nur als Transportmittel dienen, sondern so ausgestattet sind, dass man bequem in ihnen übernachten kann, was den Gestaltungsrahmen der Kunden und ihrer Familien erweitert und neue Nutzungsoptionen eröffnet. Ein weiteres Beispiel ist die smarte Küchentechnologie mit vernetzten Kühlschränken, die automatisch Lebensmittel bestellen, bevor sie ausgehen. Diese erweitern den Komfort und helfen, den Alltag der Kunden effizienter zu gestalten, indem sie mit Hilfe von künstlicher Intelligenz vorausschauend auf ihre Bedürfnisse reagieren.

Unternehmen sind daher darauf angewiesen, ihre Einblicke in den Nutzungskontext ihrer Kunden stets aktuell zu halten. Sie werden zu *lebendigen* Organisationen, wenn es ihnen gelingt, flexibel und agil in der Art ihrer Beziehungsaufnahme zu sein und die sich verändernden Rollen im Verhältnis zu ihren Kunden dynamisch anpassen. Wenn Unternehmen sich im Zeitalter der Digitalisierung nicht mehr isoliert betrachten können, folgt daraus auch, dass sie andauernd neu in Erfahrung bringen müssen, wie sie Mehrwert schaffen können.

Ein weiteres Beispiel hierfür ist die Umstellung traditioneller Softwareunternehmen auf das Modell „Software-as-a-Service" (SaaS). Statt Software einmalig zu verkaufen, bieten Unternehmen wie Adobe, Microsoft oder Salesforce ihre Programme auf Abonnement-Basis an. Dies ermöglicht es ihnen, eine kontinuierliche Beziehung zu ihren Kunden zu pflegen und aktiv daran zu arbeiten, den Nutzen ihrer Software für die Anwender zu verbessern – nicht nur durch regelmäßige Updates und Feedback-Schleifen, sondern auch, indem sie die Nutzung in die Arbeitsweise der Kunden einbinden. Sie sammeln Daten über die Nutzung ihrer Produkte und passen diese flexibel an die sich verändernden Bedürfnisse ihrer Kunden und deren Ökosysteme an. Der Mehrwert ergibt sich nicht nur aus den Funktionen der Software selbst, sondern auch aus der Art und Weise, wie sie im Leben der Kunden und in der Zivilgesellschaft positiven Nutzen stiften. Doch wie gelingt es Organisationen, an eben jene Informationen und Daten zu kommen, die in den Anwendungskontexten ihrer Kunden relevant sind?

Die Ränder der Organisation als Orte der Innovation

In der digitalisierten Wissensgesellschaft stehen wir dem Phänomen gegenüber, dass der Zugang zu Wissen nicht gleichbedeutend mit dessen Verständnis ist. Zugleich zeichnen sich die Wissensgesellschaften durch eine Verschiebung hin zu datenbasierten Produktionsprozessen aus, bei denen der Umgang mit Wissen zur zentralen Ressource wird. (Drucker, 1993; Stehr, 2001) Somit tritt die paradoxe Situation auf, dass die Überfülle an Daten und Informationen eine Art „Wissensüberladung" bewirkt, wie Lyotard (1979) in seinem Werk *Das postmoderne Wissen* dargelegt hat. So kann man sagen, dass die digitale Revolution den Zugang zu Informationen zwar demokratisiert hat, dass jedoch das tiefere Verständnis, die Interpretation und der Umgang mit diesem als Daten bezeichneten Wissen längst zu einer den Einzelnen überfordernden Herausforderung geworden sind. Dies bringt auch Unternehmen und Organisationen dazu, über ihr Verhältnis zu Informationen, Daten und Wissen im Allgemeinen sowie in Hinblick darauf, wie es sich auf die Aufgaben einer Organisation im Einzelnen auswirkt, nachzudenken. Asymmetrische Führung positioniert sich insoweit nicht im Zentrum oder an der Spitze einer Organisation, sondern an den Rändern – also an den Kontaktflächen zu Kunden und zur Zivilgesellschaft – eben dort, wo sich das relevante Wissen befindet.

Der Organisationswandel durch Digitalisierung und KI erfordert, dass sich Unternehmen von einer vertikalen zu einer horizontalen Führungsstruktur verändern. Das erfordert eine andere Art der Beziehungsführung. An den Rändern der Organisation, wo sich die Kontaktflächen zu Kunden, Bürgern und ihren Ökosystemen befinden, findet sich das relevante Wissen, das Unternehmen zur Weiterentwicklung ihres Angebots benötigen. Diese Ränder sind daher nicht nur Orte der Begegnung, sondern auch Orte der Innovation. Hier entscheidet sich, ob ein Unternehmen im Informationsaustausch mit seinen Kunden ist und wie es deren Lebenssituationen mit passenden Angeboten verbessern kann.

Die Ränder der Organisation sind daher auch die Orte, von denen her die klassischen Rollen und Strukturen infrage gestellt werden. (Boxer & Eigen, 2015b) Hier treffen Unternehmen in hart umkämpften Märkten und zunehmend auch gesellschaftliche Funktionssysteme wie etwa Verwaltungen oder Schulen auf die Wünsche, Erwartungen und Bedürfnisse von Menschen in ihren jeweiligen Lebenskontexten. An diesen Kontaktflächen haben Organisationen jeglicher Couleur die Möglichkeit, gesellschaftliche Erwartungen und die Anforderungen von Menschen in einer sich rasch wandelnden digitalen Welt in Erfahrung zu bringen. Die Führungskräfte und Mitarbeiter, die in diesen Grenzbereichen tätig sind, sollten daher besonders sozialkompetent und beziehungsaffin sein. Sie sollten die Fähigkeit besitzen, einen Sinn für die Begehrensnarrative der Menschen zu entwickeln. Sie sollten den Veränderungsdruck von außen als Chance begreifen, um in produktive, wertschöpfende und nachhaltig wirksame Angebote zu investieren. Damit diese effektiv sind, sollte die Führung in reflexiven Prozessen herausfinden, was an den Rändern der Organisation 'los ist' (Boxer & Eigen, 2015b, S. 7).

Narrative – Wissen wird erzählt

Narrative – der Begriff ist bereits häufig gefallen – sind Erzählungen. Mit Berichten oder Zusammenfassungen haben sie gemeinsam, dass es um die Vermittlung von Wissen geht – etwa wie ein Problem zu lösen wäre, was als richtig oder falsch gälte oder wie es in Zukunft weiterginge. Erzählungen wecken Neugier und Interesse mithilfe narrativer Kreativität und sprachbildlichen Formulierungen. Das Narrativ bietet somit nicht nur einen Zugang zum Wissen, sondern zeigt auch, auf welche Weise dieses Wissen eine Wirkung erzeugen kann.

Somit überrascht es kaum, dass wir anhand von Narrativen zentrale Fragen der soziokulturellen Machtverteilung regeln. Im Erzählen spiegelt sich ein Verhältnis zum Wissen wider, das sich aus Sicht der Psychoanalyse Lacans als ein Anspruch auf ein spezifisches (Mehr-)Genießen verstehen lässt. Menschen positionieren sich innerhalb sozio-symbolischer Strukturen mittels Narrative und beanspruchen mittels dieser Erzählweisen ein bestimmtes, legitimes Genießen.

Lacans Konzept der Diskurse (1969–1970) bildet vor diesem Hintergrund eine psychoanalytische Denkfigur, um die Verteilung von Wissen, Macht und Genießen in sozialen Verbünden zu entschlüsseln. Die dritte Epoche der Verbindung von Psychoanalyse und Organisationsentwicklung nach Boxer (2017) greift dieses Diskursmodell auf, um die Funktionsstrukturen der Machtverhältnisse in Organisationen sichtbar zu machen.

Ein Beispiel: Betont ein Unternehmen eine bestimmte Erfolgsgeschichte als zentralen Teil seines Selbstverständnisses (legitimes Genießen), stehen die Mitarbeitenden vor der Wahl, dieses Narrativ zu übernehmen oder alternative, marginalisierte Narrative (ausgeschlossenes Genießen) zu vertreten. Die selektive narrative Rahmung macht die zugrundeliegenden Machtstrukturen innerhalb der Organisation sichtbar und zeigt, wie Diskurse Legitimation und Ausschluss zugleich produzieren. Das ausgeschlossene Genießen ermöglicht dabei allerdings ein intensiveres Genießen.

Narrative können als Darstellungen der sozial-symbolischen Ordnung einer Organisation verstanden werden. Der Begriff der sozial-symbolischen Ordnung (Lacan, 1955–56, S. 42) beschreibt alle Normen, Regeln und Werte, die durch die jeweilige Kommunikationskultur einer Gesellschaft, in der sie agiert, etabliert werden. Diese Ordnung vermittelt sich durch als Narrative verpackte Diskurse. Diese Diskurse bilden ein System von Bedeutungen (Signifikanten), in dem alles miteinander verbunden ist, in dem jedoch niemand außerhalb dieses signifikanten Systems wirksam sprechen oder handeln kann (Arnaud, 2002). Hinreichend *permissive* Diskurse erlauben allerdings auch ein vom Diskurs abweichendes Sprechen. (Boxer, 2020).

Wir wollen nun anhand des Diskursbegriffs das Verständnis von Machtstrukturen in Organisationen erweitern. In *Die Kehrseite der Psychoanalyse* unterscheidet Lacan (1969–70) vier Diskurse: den Diskurs des Herrn, den Diskurs der Universität, den Diskurs des Hysterikers und den Diskurs des Analytikers. Jeder dieser vier Diskurse beschreibt eine besondere Art der Strukturierung des Sozialen, mittels derer Wissen, Macht, Begehren und Subjektivität positioniert werden. Insoweit haben Diskurse einen umfassenden Einfluss auf die Beziehungen zwischen Individuen und Organisationen zueinander.

Diskurs des Herrn Dieser Diskurs strukturiert soziale Verhältnisse durch eine asymmetrische Machtbeziehung, in der der Herr (S1) als Signifikant der Autorität auftritt und das Wissen (S2) instrumentalisiert, um seinen Anspruch zu legitimieren. Das Subjekt *($)* wird in diesem Diskurs in die Position des Befehlsempfängers gebracht, ohne direkten Zugriff auf das Wissen *(S2)*, das seine Unterordnung stützt. In einem Unternehmen manifestiert sich dieser Diskurs, wenn Führungskräfte Entscheidungen durchsetzen, ohne Widerspruch oder Reflexion von Fachkräften zuzulassen – eine Machtausübung, die sich nicht durch Argumentation, sondern durch ihren eigenen Vollzug rechtfertigt. Diese Form der Kommunikation etabliert eine starre Hierarchie, in der die libidinöse Ökonomie durch Unterwerfung geregelt wird: Lust und Unlust entsteht im Spannungsfeld von Anerkennung und Widerstand gegen die Macht des Herrn.

Diskurs der Universität In diesem Diskurs steht das Wissen *(S2)* an erster Stelle und wird als Mittel der Legitimation und Kontrolle eingesetzt. Es verbirgt dabei die ursprüngliche Setzung des Herrn *(S1)*, der es in Funktion bringt. Das Subjekt *($)* wird in diesem Diskurs nicht als autonomes Wesen anerkannt, sondern als Objekt, das durch Wissen reguliert und formatiert wird. In Organisationen zeigt sich dieser Diskurs in standardisierten Prozessen, die nicht mehr auf eine einzelne autoritäre Figur angewiesen sind, sondern durch Verfahren, Zertifizierungen und Regelwerke eine objektive Ordnung zu etablieren scheinen. Ein Beispiel wäre eine Abteilung, die strikt nach festgelegten Protokollen arbeitet, ohne individuelle Unterschiede oder aktuelle Entwicklungen zu berücksichtigen. Lust und Unlust entstehen hier nicht durch direkte Unterwerfung unter eine Anordnung, sondern durch die Anpassung an die objektivierte Ordnung des Wissens; Lust durch die Einhaltung und Reproduktion des etablierten Systems, Unlust durch die Ohnmacht gegenüber der Bürokratie oder der Unmöglichkeit, sich außerhalb des vorgegebenen Rahmens zu positionieren.

Diskurs des Hysterischen In diesem Diskurs nimmt das Subjekt *($)* eine zentrale Rolle ein, indem es sich als unvollständig erfährt und sein Begehren darauf richtet, die Wahrheit des Anderen zu entlarven. Es fordert Wissen *(S2)* ein, aber nicht, um sich zu stabilisieren, sondern um dessen Lücken und Widersprüche offenzulegen. Der Hysteriker stellt die Autorität des Herrn *(S1)* infrage und bringt ihn dazu, seine Position zu rechtfertigen. In Wirtschaft und Gesellschaft zeigt sich dieser Diskurs überall dort, wo bestehende Narrative nicht einfach reproduziert, sondern problematisiert werden. Ein Beispiel wäre ein Mitarbeiter, der in einer Besprechung immer wieder die Ziele des Projekts hinterfragt oder auf Ausnahmen und Widersprüche hinweist. Dieser Diskurs erzeugt Spannungen, weil er die bestehende Ordnung destabilisiert, gleichzeitig aber auch Potenzial für Innovation und Veränderung bietet, indem er blinde Flecken im System sichtbar macht.

Diskurs des Analytikers In diesem Diskurs nimmt das *Objekt klein a* die zentrale Position ein, wodurch das Begehren des Subjekts *($)* ins Spiel kommt und es mit dem konfrontiert wird, was im Sagbaren fehlt. Der Analytiker *(a)* spricht nicht aus der Position des Wissens *(S2)*, sondern bringt den Anderen dazu, seine eigenen unhinterfragten Annahmen und Identifikationen zu überdenken. Er untergräbt die scheinbare Selbstverständlichkeit der bestehenden Ordnung und eröffnet damit die Möglichkeit einer radikalen Neuorientierung.

In Organisationen zeigt sich der Diskurs des Analytikers etwa im Falle von Führungskräften, die nicht von oben herab Anweisungen geben, sondern Raum für Reflexion schaffen und den Mitarbeitenden ermöglichen, eigene Antworten zu finden: „Was denken Sie, wäre hier die beste Lösung?" Lust entsteht hier nicht durch die Bestätigung etablierter Strukturen, sondern durch die Bewegung des Begehrens – durch die Suche nach neuen Zugängen und die Auseinandersetzung mit dem, was fehlt. Entscheidend ist, dass der Mangel nicht als Defizit, sondern als Möglichkeit begriffen wird, einen produktiven Umgang mit der Unvollkommenheit des Lebens zu finden.

Vor dem Hintergrund des Diskurses des Analytikers und desjenigen des Hysterischen lässt sich erkennen, wie das digitale Zeitalter die bestehenden Diskurse unterminiert: Der hierarchische Diskurs vom Chef zum Mitarbeiter und vom Unternehmen zum Kunden verliert an Einfluss, wenn Fachkräfte oder Kunden recht einfach auf alternative Angebote zugreifen können, die mehr Möglichkeiten bieten und sich mühelos mit den eigenen Erfahrungen in Einklang bringen lassen. Aus geschäftlicher Sicht wird damit die Richtung der Anpassung umgekehrt. Die Diskurse des Herrn und der Universität werden gewissermaßen ‚hysterisiert', das heißt gestört, herausgefordert und hinterfragt. In einem sich rasant wandelnden Marktumfeld sind Organisationen aufgefordert, sich nicht nur intern, sondern auch extern anzupassen und Angebote für die Verbesserung der Lebensweisen von Kunden zu entwickeln.

Ein Beispiel ist die Entwicklung von Volkswagen: Von 2007 bis 2015 warb der Autohersteller mit dem Markenslogan *Das Auto*, der den Eindruck vermittelte, alleiniger Vertreter für dieses Produkt am Markt zu sein. Doch es stellte sich heraus, dass es für den Global Player VW nicht genügte, die Position des

Alleinvertreters zu behaupten – auch die Konkurrenz hatte längst hochwertige Fahrzeuge etabliert. Volkswagen tat sich vielmehr schwer damit zu verstehen, dass die Marke nur dann attraktiv bleiben würde, wenn sie die Bedürfnisse und Wünsche ihrer Kunden in ihren spezifischen Lebenswelten besser verstünde.

Unternehmen wie Volkswagen sehen sich seither mit der Herausforderung konfrontiert, ihre Narrative zu verändern, was vom Unternehmen und den Führungskräften *relationale Agilität* einfordert – mithin die Fähigkeit, nicht nur die volatilen Kundenbedürfnisse zu erkennen, sondern sie auch in die Erzählweise des Unternehmens zu übernehmen.

Diese Anpassung an die Kundenanforderungen birgt jedoch auch das Risiko, die *internen* Narrative der Mitarbeiter dauerhaft zu stören. Mit der Folge, dass sie ihre Rolle unter Umständen nicht mehr erkennen, sich desorientiert fühlen oder sich gar von der Organisation entfremden. So mögen ökologisch bewusste Mitarbeiter daran zweifeln, ob Volkswagen in Zukunft überhaupt noch Autos und nicht besser Straßenbahnen produzieren sollte. Neben der Definition von Aufgaben müssen sich Führungskräfte daher mit den Dynamiken auseinandersetzen, die aus den verschiedenen Narrativen und den auf sie reagierenden Gegennarrativen resultieren.

Die Verdopplung der doppelten Aufgabe 2

Im ersten Kapitel haben wir gesehen, dass der digitale Wandel Unternehmen und Organisationen mit disruptiven Veränderungen konfrontiert, weil infolge immer weniger Menschen sich mit dem abfinden müssen, was schon immer so gemacht wurde. Um dieser Entwicklung zu begegnen, müssen Unternehmen eine Beziehung zum Nutzungskontext ihrer Kunden herstellen. Diese Notwendigkeit erfordert eine Erweiterung der Primäraufgabe von Organisationen: Sie müssen bereits bei der Entwicklung ihrer Angebote die Narrative ihrer Kunden kennen und berücksichtigen, um das Nutzungserlebnis verstehen und Kunden einen Mehrwert an Lebensqualität anbieten zu können.

Nach Boxer (2024) führt dieser Ansatz zu einer „Verdopplung der doppelten Aufgabe". Neben der Balance zwischen den operativen Anforderungen und der Unterstützung der Mitarbeiter wird die Führung zusätzlich herausgefordert, die Narrative der Kunden und die internen Narrative der Organisation in Einklang zu bringen. Dies bedeutet, die eigenen Strukturen und Prozesse so zu gestalten, dass sie nicht nur auf Kundenbedürfnisse reagieren, sondern diese aktiv antizipieren und in die Wertschöpfung integrieren können.

Aufgabe und Rolle

Die Begriffe „Aufgabe" und „Rolle" haben ihre Wurzeln in der klassischen Organisations- und Managementliteratur und sind eng mit der Entwicklung der funktionalen Arbeitsteilung und der Effizienzsteigerung in Unternehmen verknüpft. Der Begriff „Aufgabe" wurde in der Unternehmensliteratur ursprünglich von Taylor (1911) im Kontext des *Scientific Management* definiert. Taylor verstand Aufgaben als klar definierte, messbare Arbeitsschritte, die so organisiert werden sollten, dass maximale Effizienz erzielt wird. Diese Sichtweise prägte die Vorstellung, dass jede Aufgabe im Unternehmen einer rationalen Analyse und Optimierung unterliegt.

Der Begriff der ‚Rolle' hingegen wurde besonders durch die *Human-Relations-Bewegung* und später durch sozialpsychologische Ansätze weiterentwickelt. Mayo (1933) und seine Studien zur Arbeitsmotivation und Gruppendynamik im *Hawthorne-Werk* ergaben schon in den 1930er Jahren, dass die menschlichen Interaktionen und Erwartungen innerhalb eines Unternehmens nicht nur durch formal zugewiesene Aufgaben, sondern auch durch die *sozialen* Rollen der Mitarbeiter geprägt werden. Die Rolle ist demnach nicht nur die formale Funktionszuschreibung, sondern auch die mit Erwartungen und zwischenmenschlichen Dynamiken verbundene Position eines Individuums im sozialen Organisationskontext.

Eine prägnante Weiterentwicklung dieser Konzepte fand durch Rice (1958) und das *Tavistock-Institut* statt, wo die Begriffe ‚Aufgabe' und ‚Rolle' im Kontext von Gruppendynamik und Organisationsentwicklung als *psychoanalytische* Kategorien zur Analyse unbewusster Prozesse in Unternehmen beschrieben wurden. Rice prägte den Begriff der *primären Aufgabe,* die als zentrale Funktion einer Organisation und ihrer Mitglieder definiert ist. Die Rolle hingegen beschreibt die spezifische Position eines Individuums im Hinblick auf die Erfüllung dieser Aufgabe, was eine wechselseitige Beziehung zwischen den Erwartungen des Systems und den individuellen Handlungsspielräumen eröffnet. (Rice, 1965a, 1965b).

Primäre Aufgabe und primäres Risiko

Der Begriff der ‚Primäraufgabe', ursprünglich von Rice im Kontext des Tavistock-Organisationsmodells eingeführt, beschreibt die zentrale Aufgabe einer Organisation, die für ihr Überleben und ihren Erfolg unverzichtbar ist (Rice, 1965b, S. 25). Diese Aufgabe bildet das Fundament für alle Aktivitäten und Entscheidungen der Organisation. Während der Begriff oft auf die gesamte Organisation angewendet wird, kann er sich auch auf verschiedene Beziehungen zu unterschiedlichen Kunden beziehen. Diese Beziehungen können jeweils eine eigene Interpretation der Primäraufgabe erfordern. Ein gemeinsames Verständnis und eine klare Definition jeder einzelnen Aufgabe sind entscheidend, besonders wenn die Organisation mit verschiedenen Kunden arbeitet, die unterschiedliche Erwartungen haben.

Das Tavistock-Organisationsmodell, das auf psychoanalytischen Konzepten basiert, bietet hier eine tiefergehende Perspektive. (Lüdemann, 2024; Lazar, 2000) Es zeigt auf, dass Organisationen nicht nur rationalen Prozessen folgen, sondern auch von unbewussten Dynamiken geprägt sind. Diese Dynamiken können den Fokus auf die Primäraufgabe beeinflussen. Wenn diese unbewussten Prozesse nicht beachtet werden, besteht die Gefahr, dass die Organisation ihre eigentliche Aufgabe aus den Augen verliert. Bion (1961) betonte, dass Gruppen in Organisationen oft von unbewussten Grundannahmen geleitet werden, die sie von der Erfüllung ihrer Primäraufgabe ablenken.

Hirschhorn (1997) hebt in diesem Zusammenhang hervor, dass das primäre *Risiko* darin besteht, dass eine Organisation die falsche Primäraufgabe für bestimmte Kunden definiert. Dies geschieht etwa, wenn unbewusste Motive und Dynamiken innerhalb der Organisation und in der Interaktion mit Kunden nicht ausreichend berücksichtigt werden. Dieses primäre Risiko kann zu einer Fragmentierung der Prozesse führen, da verschiedene Kunden oder Stakeholder zu unterschiedliche Vorstellungen davon haben, was die zentrale Aufgabe der Organisation sein sollte.

Um dieses Risiko zu minimieren, ist es entscheidend, sich mit den unbewussten Dynamiken und Motiven auseinanderzusetzen, die innerhalb der Organisation und in ihren Beziehungen zu den Kunden und ihren Ökosystemen wirken. Das Tavistock-Modell betont die Bedeutung von Containment, also die Fähigkeit von Führungskräften, emotionale Spannungen und unbewusste Prozesse in der Organisation ‚aufzufangen' und sprachlich integrativ zu verarbeiten – mit anderen Worten, ein *Rahmennarrativ* für die gesamte Organisation zu schaffen. Dies ermöglicht es, die unterschiedlichen Vorstellungen der primären Aufgabe zu integrieren und so eine kohärente und nachhaltige Arbeitsgrundlage zu schaffen.

Kritik an A.K. Rice und dem Tavistock-Ansatz

Die Konzepte von Rice und der Tavistock-Ansatz stoßen in der digitalen Wirtschaft jedoch an ihre Grenzen. Das hat damit zu tun, dass diese Ansätze auf hierarchischen Organisationsmodellen basieren, in denen das primäre Risiko – also das Risiko, eine falsche primäre Aufgabe zu verfolgen – innerhalb einer vertikal strukturierten Machthierarchie mit ihren vorherrschenden Rahmennarrativen definiert wird. Wie oben ausgeführt, macht eine stärker vernetzte Wirtschaft eine horizontale Ausrichtung von Unternehmen und Organisationen erforderlich, die anhand dezentraler Strukturen den Fokus auf das Wissen an den Rändern der

Organisation (Nutzungserfahrungen und Wertdefizite von Kunden und Bürgern) legt.

Eine transformative Organisationskultur verfolgt ko-kreative, systemische und nachhaltige Handlungsansätze. Diese Prinzipien überwinden die Grenzen zwischen Organisationen und fördern die Zusammenarbeit in komplexen Netzwerkstrukturen. Der Beziehungsaspekt wird dadurch wesentlich erweitert: Zwischenmenschliche Verbindungen gewinnen an Bedeutung. Doch auch ein an Strukturen und Psychodynamiken ausgerichtetes Denken wird zum Erfolgsfaktor. Was bedeutet das? Klar definierte, stabile Rollenstrukturen weichen flexiblen und dynamischen Modellen, bei denen Aufgaben weniger an Positionen gebunden sind, sondern am *Outcome*. Die zentrale Frage ist: Was können wir als Team eines Unternehmens oder einer Verwaltung tun, um dem Erfahrungshorizont von Kunden und Bürgern gerecht zu werden? Die digitale Arbeitswelt bringt es mit sich, dass Führungskräfte in komplexen und dynamischen Kontexten agieren. Dies erfordert, dass sie ihre Rollen fortwährend reflektieren und sich kontinuierlich an veränderte Voraussetzungen anpassen. Rollen entstehen vermehrt durch Teamarbeit, in Netzwerken und projektbasierten Zusammenhängen, die sich rasch ändern können. Diese Flexibilität fordert von Führungskräften, dass sie eben nicht nur die operativen Prozesse managen, sondern auch die *praxisorientierte Rollenentwicklung* ihrer Mitarbeitenden fördern. (Boxer & Eigen, 2005b).

Es ist vor allem der innovationsgetriebene Wandel, der das tradierte Aufgaben- und Rollenverständnis herausfordert. Neue Technologien, Geschäftsmodelle und Marktanforderungen entstehen in immer kürzeren Zyklen und erfordern eine kontinuierliche Neuausrichtung der Organisationsstrukturen. Für Fach- und Führungskräfte bedeutet dies nicht nur die Anpassung an neue Werkzeuge und Methoden, sondern auch eine fortlaufende Neudefinition ihrer Aufgaben und Rollen innerhalb der Organisation. Naturgemäß tun sich staatliche Institutionen damit am schwersten. Die einstmals klare Abgrenzung von Zuständigkeiten und Verantwortungsbereichen wird durch relationale Agilität und Interdisziplinarität aufgelöst. Damit steigt die Anforderung an die Lernbereitschaft und Anpassungsfähigkeit aller Beteiligten, da feste, langfristige Rollenzuweisungen durch einen kontinuierlichen Prozess der Rollenflexibilität abgelöst werden.

Für Führungskräfte bedeutet dieser Wandel, dass sie ihre Mitarbeiter nicht nur durch operative Herausforderungen führen, sondern auch Orientierung in diesem permanenten Wandel bieten müssen. Eine Kernleistung der hierarchischen Ebenen besteht weiterhin darin, die unvermeidlichen Selbstblockaden in den horizontalen Strukturen zu lösen. Führungskräfte müssen in der Lage sein, die Unsicherheiten und das Instabilitätsgefühl abzufedern, das durch die ständigen Veränderungen entsteht. Darüber hinaus wird von ihnen erwartet, eine psychologische Sicherheit zu schaffen, die es den Mitarbeitenden ermöglicht, sich in diesem dynamischen Umfeld zu entfalten, Risiken einzugehen und kreativ auf neue Herausforderungen zu reagieren. Der Erfolg von Organisationen hängt zunehmend davon ab, wie gut es Führungskräften gelingt, die disruptiven Effekte der digitalen Innovationen zu managen und die Aufnahme von neuen Rollen ihrer Mitarbeitenden aktiv zu fördern.

Containment und Holding

Was heißt, die Rolle wechseln?

Psychoanalytische Ansätze in der Managementberatung zielen traditionell darauf ab, die Rolle unbewusster Motivationen, innerpsychischer Dynamiken und Konflikte sowie die ambivalente Beziehung von Individuen zur Realität aufzuzeigen (Kets de Vries, 1984). Auch das Modell des Containings verfolgt diese Zielsetzungen, geht jedoch darüber hinaus, indem es in affektiv und emotional anspruchsvollen Situationen die Möglichkeit des Denkens und Reflektierens zurückzugewinnen versucht: „Die Aktivität, die wir als ‚Denken' kennen, war ursprünglich eine Verfahrensweise, um die Psyche von Reizzuwächsen zu entlasten, und der Mechanismus ist der, welcher von Melanie Klein als projektive Identifikation beschrieben wurde" (Bion, 1992a, S. 76).

Containing findet Anwendung im organisationalen Kontext (Vgl. Lohmer, 2000; Datler et al., 2012; Lohmer & Möller, 2014; Mendes & Hinshelwood, 2025) und im Coaching (Giernalczyk et al., 2013). Das Konzept geht auf Bion zurück, der es in seinen Arbeiten zu Gruppenpsychologie und Psychoanalyse als eine Form der Beziehungsarbeit entwickelte. In Bions ursprünglicher Konzeption ist das Containing als eine „Modellvorstellung von Beziehungen" zu verstehen (Lazar, 2002, S. 114), in der emotionale Erfahrungen „gehalten" und reflektiert werden, bevor sie in den Denkprozess übergehen. Damit wird deutlich, dass das bloße Entstehen von Gedanken noch kein Denken im eigentlichen Sinne darstellt. Das Denken selbst ist ein nachgelagerter Prozess, der aktive Disziplin und Reflexion erfordert, um kohärent zu werden. Dieses Verständnis macht nachvollziehbar, „wie viel Disziplin und Mühe jeden Menschen ein gewisses Maß an kohärentem Denken kostet" (Bion, 1992b, S. 61). Organisationsintern unterstützt eine ‚containende' Haltung, Spannungen abzubauen, indem ein Reflexionsrahmen eröffnet wird: Was zur Impulsivität drängt, kann nunmehr besprochen werden. Dabei spielt es weniger eine Rolle, ob etwas „richtig" oder „falsch", „bedeutungsvoll" oder „nachprüfbar" ist, sondern vielmehr, „ob es Entwicklung fördert oder nicht" (Bion, 1992a, S. 43). In erweiterter Form findet Containing überall dort statt, wo eine Gesprächskultur gepflegt wird, in der die Beteiligten „ihre Rollen wechseln können, aber verbunden bleiben" (Kennel, 2012, S. 70).

Der Nutzen von Containment in der Führung von Organisationen liegt darin, impulsives Handeln oder komplexe Situationen und Konflikte besser prozessieren zu können. Containment bewahrt Beziehungen vor den Auswirkungen schwelender Konflikte und trägt dazu bei, dass Arbeitsbeziehungen produktiv gehalten werden können.

Allerdings kommt Containment in der Regel erst nachträglich zum Zuge – also nachdem eine gewisse Eskalation oder Belastung schon stattgefunden hat. In einer Arbeitswelt, die durch Disruptionen und Druck geprägt ist, kann eine containende Haltung dann zwar dabei helfen, Spannungen zu verarbeiten. Um Mitarbeiter jedoch *prophylaktisch* auf Stress und Unsicherheit vorzubereiten, erweist sich das Konzept des *Holdings* als eine sinnvolle Ergänzung. Holding ermöglicht es, schon im Vorfeld ein unterstützendes Umfeld zu schaffen, das Sicherheit bietet und die Resilienz der Mitarbeiter stärkt, damit sie besser mit disruptiven Dynamiken umgehen können.

Holding

Holding zielt darauf ab, die Herausforderungen für das persönliche Bezugssystem zu begrenzen, damit disruptive Ereignisse nicht zu einem Verlust des Identitätsgefühls führen. So wie eine Familie ihre Kinder ‚hält', gerade genug, um ihnen zu ermöglichen, in einer zunehmend herausfordernden Welt weiter zu lernen und sich anzupassen, muss auch die Führung einer Organisation ihre Mitarbeiter entsprechend ‚halten'.

Im unternehmerischen Kontext bietet Holding den Mitarbeitern Sicherheit und Stabilität, um den Stress, den latente Unsicherheit mit sich bringt, abzufedern. Containing findet dabei innerhalb eines durch das Holding gestützten Rahmens statt, der durch ein adaptierbares Rahmennarrativ ergänzt wird. Dies kann durch die Anpassung von Arbeitsstrukturen, gezielte Unterstützung durch das Management und klare Kommunikation geschehen, um Kontinuität zu gewährleisten und negative Reaktionen auf Veränderungen – die Häufung von Fehlern, Konflikten oder Krankmeldungen – zu minimieren. Das Etablieren solcher haltgebenden Narrative, die künftige Herausforderungen umreißen, schafft ein Umfeld, das darauf abzielt, die negativen Auswirkungen von Veränderungen vorwegzunehmen und in der Organisation oder im Team ein Gefühl von produktiver Gefasstheit zu etablieren. So wird der Umfang der zu bewältigenden Veränderungen im Zeitalter des digitalen Wandels überschaubarer.

Allerdings verlangt Holding nach einer passenden Dosierung: Ein zu starkes Holding kann dazu führen, dass Mitarbeiter sich auf Routinen beschränken und weniger bereit sind, zu lernen und sich zu verändern . Um diesen Effekt zu verstehen, lohnt ein Blick auf Freuds Untersuchungen zum Fetischismus (Freud, 1927e). Als Strukturphänomen geht es beim Fetischismus übrigens auch ganz wesentlich um den Umgang mit Wissen: Zwar ist ein Wissen über bestimmte Umstände vorhanden, soll jedoch – vergleichbar einer „Haltung des Wegsehens" (Steiner, 1985) – nicht wahrgenommen werden. Ähnlich verhalten sich Mitarbeitende, wenn sie bestimmte Vorgänge ignorieren und nur das tun, was ihrem Arbeitsauftrag formal entspricht. Diese Haltung impliziert ein Verharren im Status quo und ähnelt einem ‚fetischistischen' Verhältnis zur Arbeit, das die Offenheit für Veränderung herabsetzt.

Doubling the double task

Bridgers (1990) Theorie des *double task* beschrieb erstmals den Aspekt, dass eine Person in ihrer Rolle folgende Ambivalenzspannung aushalten muss: Einerseits soll sie die Aufgaben und Ziele ihrer Rolle effizient erfüllen, andererseits ringt der Rolleninhaber damit, für seine persönlichen Wünsche und Vorstellungen in Hinblick auf die Umsetzung der Aufgaben Anerkennung zu finden. Im Arbeits- und Organisationskontext von einer Aufgabe zu sprechen, heißt insoweit immer, von einer doppelten Aufgabe zu sprechen. Beide Aspekte der doppelten Aufgabe sind eng miteinander verwoben und voneinander abhängig, werden allerdings selten als solche benannt.

Diese Doppelaufgabe betrifft indes nicht nur die innere Spannung, die Individuen bei der Ausführung ihrer Rollen empfinden, sondern auch die Organisation als Ganzes. Boxer (2024) argumentiert, dass auch Unternehmen sich in einem vergleichbaren Spannungsfeld zwischen Erfüllung der Primäraufgabe einerseits und Bestätigung der organisationsspezifischen Identität befinden. Anders gesagt: Auch Unternehmen wollen ihre Identität bewahren, müssen indes zunehmend flexibel auf veränderte Marktbedingungen reagieren.

Die Verdopplung der doppelten Aufgabe ergibt sich aus der Notwendigkeit, Bürger und Kunden aktiv in die Prozesse der Organisation einzubeziehen. Besonders sichtbar wird diese Herausforderung naturgemäß in den Randrollen, also in Positionen, die am Schnittpunkt zwischen Organisation und Umwelt angesiedelt sind. Solche Rollen erfordern eine besonders hohe Flexibilität und Anpassungsfähigkeit, da sie ständig auf externe Veränderungen und neue Anforderungen reagieren müssen.

Für die Personen in diesen Rollen bedeutet das, dass sie nicht nur ihre eigentlichen Aufgaben erfüllen, sondern auch eine Balance finden müssen zwischen den Erwartungen der Organisation und ihrer eigenen beruflichen wie persönlichen Identität. Boxer (2024) beschreibt diese Dynamik als ein Spannungsfeld, das über die individuelle Ebene hinausgeht und die Organisation als Ganzes betrifft. Die zentrale Frage lautet dabei: „Was tun wir hier?" und „Wie tun wir es?". In dieser Reflexion entsteht eine dreifache Spannung: zwischen den persönlichen Bedürfnissen des Einzelnen, den spezifischen Anforderungen seiner Rolle und dem größeren narrativen Rahmen der Organisation. Dieser Rahmen dient sowohl der Orientierung als auch der Anpassung an Veränderungen, sodass er gleichzeitig Stabilität und Offenheit verlangt.

Die Verdopplung der doppelten Aufgabe macht deutlich, dass die Verbindung von individueller und organisationaler Dynamik ein Schlüssel zur erfolgreichen Navigation in komplexen und sich ständig wandelnden Umfeldern ist.

Dynamisches Holding und Containment

Um dieses Spannungsfeld erfolgreich zu bewältigen, braucht es in der Führung ein dynamisches Verständnis von Holding, das den Anforderungen disruptiver Phasen gerecht wird. Holding – wie im vorherigen Abschnitt beschrieben – zielt darauf ab, in unsicheren Zeiten durch einen stabilen narrativen Rahmen Sicherheit und Orientierung zu bieten. Führungskräfte müssen jedoch verstehen, dass dieser Rahmen flexibel sein muss. Bion (1961) unterscheidet in seinem Containment-Konzept zwischen dem *container* (dem narrativen Rahmen, der als Halt dient) und dem *contained* (also den Inhalten, insbesondere den Affekten und Emotionen, Bedürfnissen und sonstige Spannungszuständen, die aufgefangen und verarbeitet werden müssen). Damit der Container auch in einer sich wandelnden Umgebung funktional bleibt, muss er anpassungsfähig sein und sich kontinuierlich den neuen Anforderungen anpassen.

Die Verdopplung der Doppelaufgabe geht über das einfache Spannungsmanagement zwischen Rollenerwartungen und unbewussten Dynamiken hinaus. Von Führungskräften verlangt sie, nicht nur das Gleichgewicht zwischen organisatorischer Effizienz und persönlicher Entwicklung zu bewahren, sondern den ‚Container' aktiv zu hinterfragen. Dieser Ansatz verdeutlicht, dass das System, das Orientierung und Stabilität bieten soll, selbst beweglich und offen für Veränderung sein muss. (Boxer, 2024).

Führungskräfte sollten daher sowohl die unterschiedlichen Bedürfnisse, Perspektiven und Dynamiken der Organisation erkennen können als auch die

Organisation so gestalten, dass sie diese Einflüsse integrieren und weiterentwickeln kann. Durch die Verdopplung der Doppelaufgabe wird nicht nur die Beziehungsgestaltung in der Organisation dynamisiert, sondern auch der Rahmen, in dem diese Beziehungen bestehen. Dies verlangt eine Führungskultur, die nicht nur reagiert, sondern aktiv gestaltet und offen bleibt für das, was in den bestehenden Strukturen als Potenzial noch ungenutzt ist.

Asymmetrische Führung und die Rolle der Organisation im Wandel

Asymmetrische Führung ist ein Ansatz, der sich auf flexible und agile Beziehungsformen sowohl innerhalb der Organisation als auch im Verhältnis zu Kundensystemen ausrichtet und die verschiedenen Bedürfnisse in diesen Kontexten berücksichtigt. Die Asymmetrie zeigt sich in der Diskrepanz zwischen den Erwartungen der Kunden und dem, was das Unternehmen ihnen bieten kann. Da die Lebenssituationen von Kunden und Bürgern immer mit sehr individuellen Wertdefiziten einhergehen, entsteht hierbei eine unausweichliche Schieflage.

Boxer (2013) beschreibt diese Asymmetrie als einen Zustand, in dem Führung sich zunehmend darauf konzentrieren muss, nicht nur bestehende Märkte zu bedienen, sondern auch neue Wertangebote zu schaffen, die an die sich wandelnden Narrative und Bedürfnisse der Kunden angepasst sind. Er betont, dass asymmetrische Führung eine „orientierende Logik" benötigt, die über traditionelle hierarchische Ansätze hinausgeht und stattdessen die Fähigkeit fördert, in komplexen und dynamischen Umgebungen agil zu agieren.

Um wettbewerbsfähig zu bleiben und Produkte sowie Dienstleistungen zu entwickeln, die den Nutzungskontexten der Kunden entsprechen, greift die asymmetrische Führung auf die Verdopplung der doppelten Aufgabe zurück, wie zuvor erläutert. Dies bedeutet für Organisationen nicht nur, ihre Primäraufgabe klar zu definieren, sondern zugleich einen Raum zu schaffen, in dem emergente und kreative Lösungen entstehen können. Boxer (2013) betont, dass dies ein dynamisches Verständnis der Beziehung zwischen Organisation und Kunde erfordert – ein fortlaufender Prozess, der sich flexibel an neue Anforderungen und Möglichkeiten anpasst. Dies impliziert auch eine Offenheit für das Unerwartete und Mehrdeutige.

Relationale Führungsstrategie

Relationale Führung bedeutet, dass Führungskräfte ihre Rolle als Vermittler zwischen den normativen Anforderungen der Organisation und den persönlichen sowie unbewussten Aspekten von Arbeits- und Kundenbeziehungen aktiv gestalten. Diese Vermittlung muss so erfolgen, dass auf die unterschiedlichen Anforderungen an den Grenzen der Organisation flexibel reagiert werden kann. (Boxer, 2023) Die libidinöse Investition in die Form, die das narrative Gerüst der Organisation aufspannt, entsteht indes durch die Identifizierungen jener, die in mächtigen Positionen agieren. Die Libidoökonomie der Diskurse (LEoD), wie wir sie im nächsten Kapitel vorstellen, spielt eine zentrale Rolle dabei, wie diese unterschiedlichen Anforderungen an den Rändern der Organisation beantwortet werden können.

Eine wesentliche Erkenntnis der Digitalisierung ist, dass Kunden und Bürger in ihren Ökosystemen nicht länger als amorphe Masse wie ‚Markt' oder ‚Gesellschaft' angesprochen werden können. Digitale Gesellschaften erfordern funktionale Strukturen, die es ermöglichen, Menschen entsprechend ihrer individuellen Bedürfnissen und Erwartungen zu behandeln. Damit einher geht die Frage, über welche Einfluss- und Machtstrukturen in sozialen Systemen *Lust und Unlust* verteilt werden, weshalb wir überhaupt von einer *Libidoökonomie der Diskurse* sprechen. Es geht also um den unbewussten Anteil bei den Motivationen, affektiven Dynamiken und Wahlentscheidungen, welche anhand der Narrative von und in Organisationen vermittelt werden .

In diesem Kontext wird die Libidoökonomie der Diskurse neben den bereits vorgestellten Ansätzen „Verdopplung der doppelten Aufgabe" sowie dem Konzept des dynamischen Holdings zu einem weiteren Schlüsselelement einer relationalen Führungsstrategie. Führungskräfte, die diese Elemente integrieren, können nicht nur die internen Narrative der Organisation gestalten, sondern auch die Organisation so ausrichten, dass sie individuell auf die Narrative von Kunden und Bürgern eingeht.

Libido, Diskurs und Organisation 3

Libidoökonomie und Organisationsentwicklung

Was veranlasst uns, im Kontext von Arbeitsbeziehungen von *Libido* zu sprechen? Freud betont die zentrale Rolle der Arbeit für die psychische Ökonomie *gerade* im Hinblick auf die Libido: Arbeit verbinde den Menschen auf einzigartige Weise mit der Realität und der Gemeinschaft, indem sie libidinöse, narzisstische, aggressive und erotische Energien in berufliche Tätigkeiten und soziale Beziehungen lenkt. (Freud, 1930a, S. 438, Fn. 1) Diese Verschiebung verleiht der Arbeit nicht nur einen praktischen, sondern auch einen psychologischen Wert, der über ihre bloße Notwendigkeit hinausgeht, um in der Gesellschaft bestehen zu können. Besonders befriedigend sei die Arbeit, wenn sie im Einklang mit persönlichen Neigungen steht und die Möglichkeit zur Sublimierung bietet. Trotz ihrer Bedeutung, so Freud weiter, sähen die meisten Menschen Arbeit jedoch nicht als einen Weg zum Glück an und widmeten sich ihr nur widerwillig.

Libido ist nach Freud mithin eine variable und quantitative Kraft, die im Feld der unbewussten Erregung wirkt (Freud, 1905d, S. 118). Doch was führt uns dazu, im Organisationskontext von einer von Libido angetriebenen Ökonomie der Diskurse auszugehen? Unter dem Begriff der Libidoökonomie der Diskurse untersuchen wir, auf welche Weise das Begehren in organisationalen Systemen einfließt, wirkt oder verschwindet. Wir untersuchen somit die Verteilung, Kanalisierung und Regulation von libidinöser, affektiver Energien im Arbeitskontext von Unternehmen und Organisationen.

Diskurse sind indes nicht nur Systeme zur Strukturierung von Wissen und Macht, sondern repräsentieren zugleich Verhältnisse, die von libidinösen Kräften durchzogen sind (Tomšič, 2019). Diese Kräfte stehen in enger Beziehung zu unbewussten Wünschen und wirken eben durch die Diskurse, in denen sich

Individuen als begehrende Subjekte positionieren (Lacan, 1969–1970). Dadurch prägen sie die Dynamiken innerhalb des diskursiven Feldes auf grundlegende Weise. Im Gegensatz zu rationalen oder historisch-sozial fundierten Diskursmodellen, wie sie etwa Foucault entwickelt hat, legt das psychoanalytische Verständnis von Diskurs besonderen Wert auf die Rolle unbewusster und insoweit wandel- und verschiebbarer libidinöser Energien und ihrer Wechselwirkungen mit der Sprache und dem Sprechen.

Durch die Digitalisierung rückt die libidinöse Besetzung von Beziehungen in den Vordergrund, da eine intensivere Auseinandersetzung mit dem Mangel des Anderen notwendig wird. Kunden, Mitarbeiter und Bürger werden anspruchsvoller und finden sich immer weniger mit dem ab, was schon immer so gemacht wurde. Ein Mangel manifestiert sich, wenn Menschen nach passenden Angeboten suchen, die ihre Lebenssituation verbessern können. Der digitale Wandel und der Einsatz von Künstlicher Intelligenz verstärken diese Dynamik , da sie es innovativen Organisationen erleichtern, die spezifischen Wünsche der Menschen gezielt zu erfüllen. Insoweit erleichtert es der technische Fortschritt , sich an andere Anbieter libidinös zu binden. Gerade Behörden, öffentliche Einrichtungen und politische Parteien haben oft Schwierigkeiten, mit dieser Dynamik umzugehen – sei es aufgrund starrer Hierarchien, träger Entscheidungsprozesse oder mangelnder Beziehungsorientierung. Damit verstärken sie den Eindruck einer tiefgreifenden Institutionenkrise, wie er in öffentlichen Debatten zunehmend geäußert wird.

Daher stellt sich die Frage, wie es Führungen und ihren Organisationen gelingt, die Voraussetzungen für libidinöse Investments aufrechtzuerhalten. Mit der Libidoökonomie der Diskurse lässt sich die Verteilung und Regulation von Lust und Unlust in sozialen und organisatorischen Kontexten besser verstehen, mit dem Ziel, lebendige und dynamische Strukturen zu schaffen. Überdies fördert die Libidoökonomie der Diskurse ein Verständnis davon, unter welchen Bedingungen die Früchte der Arbeit genossen werden dürfen. Letztlich handelt es sich um Legitimationszusammenhänge, die als Diskurse eingeführt und vermittelt werden und Ausdruck der Dynamiken von Steuerungs- oder Machtverhältnissen sind.

Diskurs und narrative Struktur

Unser Diskursverständnis basiert auf einer psychoanalytischen Perspektive sozialer Strukturen und Machtverhältnisse in ihrer Beziehung zum Unbewussten und zur Subjektkonstitution. Wir nehmen an, dass die Subjektkonstitution einerseits an formalisierte soziale Räume gebunden ist, in denen Sprache und Macht libidinös besetzte Beziehungen regulieren, während sie andererseits an die unbewussten Wünsche des Subjekts geknüpft bleibt. (Lacan, 1964) Diskurs fungiert hier nicht nur als Kommunikationsform, sondern als narrative Struktur, die die Positionen und Bedeutungen von Subjekten innerhalb eines Rahmens festlegt und die zumal libidinös aufgeladen ist. So positioniert sich das sprechende Subjekt innerhalb von Diskursen immer auch im Verhältnis zu seinen eigenen unbewussten Wünschen und sein auf etwas tendenziell Unmögliches gerichtetes Begehren. Für Mitglieder einer Organisation stellt dies zumal eine existenzielle Verortung dar, weil sie sich darüber als Teil einer sozial-symbolischen Ordnung erfahren können.

Die vier Diskurse, die hier im ersten Kapitel erläutert wurden, verdeutlichen, wie unterschiedlich sich eine Subjektivierung innerhalb eines narrativen Rahmens vollziehen kann. Jeder dieser Diskurse bringt einen unterschiedlichen Zugang zum und Umgang mit Wissen mit sich. In der Arbeitswelt werden diese Diskurse vor dem Hintergrund der Anforderungen, die an die Arbeitsbeziehungen gestellt werden, bedeutsam: Sie eröffnen Einblicke in die Psychodynamik, durch die Organisationen und ihre Mitglieder Lust und Unlust in den Beziehungen verteilen.

Freud erläutert in *Drei Abhandlungen zur Sexualtheorie* (1905d) seine Auffassung, dass die Libido – als psychische Energie des Sexualtriebs – beweglich und damit in der Lage ist, sich an verschiedene lustspendende Objekte zu binden. Diese beweglichen Libidobesetzungen sind in der frühen Triebentwicklung besonders prägend. Sie artikulieren sich über Sprechen und Sprache anhand von Narrativen, die legitime Wege zu Quellen der Lust beziehungsweise der Unlust ermöglichen, vermeiden oder ganz verhindern. Ein einfaches Beispiel hierfür ist der Witz, der die Runde macht und etwas – ein bestimmtes Wissen – zum Ausdruck bringt, was sonst nicht artikulierbar wäre. Aber ebenso die Vision der Firmenleitung über die Zukunft des Unternehmens, das Grummeln bei den Bürgern über Missstände oder der Shitstorm auf ‚X'. Arbeitsbeziehungen entstehen dabei nicht nur innerhalb der formalen Diskurse von Governance und Rechenschaft, sondern auch durch die individuelle Weise, wie Personen die Inhalte dieser Diskurse libidinös besetzen. Jede Person in einer Organisation ist somit in komplexe libidinöse Ökonomien eingebunden, wodurch das Spannungsfeld zwischen persönlichen und organisatorischen Narrativen aufgespannt wird.

Libidoökonomie der Diskurse

Um die Bedeutung von Narrativen in Unternehmen im Sinne der Libidoökonomie der Diskurse genauer zu betrachten, lohnt es sich, die libidinöse Energie zu analysieren, die Menschen in ihre Erzählungen investieren. Diese von Freud als Libidobesetzung bezeichnete energetische Aufladung verleiht den sprachlichen und symbolischen Strukturen innerhalb der Organisation ihre Wirksamkeit. Sie fungieren als Träger und Vermittler von Lust und Unlust und steuern dadurch die Legitimierung als auch die Verteilung von Macht, Kontrolle, Anerkennung – letztlich von Wissen – innerhalb des organisationalen Gefüges.

Ein Unternehmensnarrativ wie das Ideal von „Flexibilität und Kreativität" kann als Projektionsfläche für bewusste und unbewusste Wünsche dienen – etwa nach Anerkennung und Erfolg, aber auch nach Rache oder Genugtuung. Mitarbeitende, die ihre Libido an das Narrativ im Beispiel binden, fühlen sich motiviert, flexibel und kreativ zu arbeiten. Gleichzeitig kann es bei anderen Unlust und Widerstand hervorrufen, wenn das Narrativ konträr zum eigenen Begehren liegt.

Auch 'Mindsets', Unternehmensphilosophien und weitere Formen von Rahmennarrativen sind niemals neutral: Sie sind ein Diskursgeschehen und werden von den affektiv-libidinösen Dynamiken geprägt, die die Erwartungen, Ängste, unbewussten Wünsche und das Zugehörigkeitsgefühl der Mitglieder prägen und beeinflussen.

Die Libidoökonomie der Diskurse beschreibt, wie solche Narrative durch libidinöse Besetzungen aufgeladen werden und ‚Investitionen' von Energie in die bestehenden Strukturen und Werte fördern oder hemmen. Ein weiteres Beispiel: Wenn ein Unternehmen das Narrativ „Team über Individuum" betont, kann dies bei einigen die Lust auf Zugehörigkeit und Teamarbeit fördern, während es bei anderen, die eher Anerkennung für individuelle Leistungen suchen, zu Unlust und Spannungen führt.

Ein Beispiel dafür, wie ein Unternehmensnarrativ auf die Außenwelt einwirkt, zeigt sich, wenn eine Marke das Narrativ von „Nachhaltigkeit und sozialer Verantwortung" betont. Kunden, die ihre persönlichen Werte in Richtung Umweltschutz und soziales Engagement orientieren, erleben eine libidinöse Besetzung dieses Narrativs, da es die eigenen Ideale widerspiegelt. Sie binden sich an das Unternehmen, weil es ihnen ermöglicht, durch den Kauf bestimmter Produkte oder Dienstleistungen ebenfalls als Teil eines ‚guten' ökologischen oder sozialen Engagements gesehen zu werden. Solche Narrative schaffen eine emotionale Verbindung zwischen dem Unternehmen und dem Kunden, die über das Produkt selbst hinausgeht und zu einer Identifikation mit den Werten des Unternehmens führt.

Lebendige Organisationen

Nach unserer Darlegung wird für Führungskräfte die Fähigkeit immer entscheidender, Bindungen und Beziehungen innerhalb und außerhalb der Organisation im Kontext von diskursiven Prozessen wahrzunehmen und zu gestalten. In diesem Sinne bildet die Beziehungsebene aus unserer Sicht das zentrale Element für nachhaltigen Erfolg. Indem Führungskräfte diese Dynamiken bewusst steuern, können sie eine *lebendige* Organisation schaffen, die nicht nur strukturell, sondern auch psychodynamisch auf die sich rasant wandelnden Anforderungen der heutigen Welt ausgerichtet ist.

Der Topos der *lebendigen Organisation* beschreibt Systeme, die sich beweglich an ihre Umwelt anpassen können (Laloux, 2014; Wheatley, 1999; Senge, 1996; de Geus, 1997). Lebendige Organisationen sind also keine starren Gebilde, sondern entwickeln sich kontinuierlich weiter, indem sie auf Umweltreize reagieren. Im sozialen Miteinander etwa markiert Rosa (2016) den Aspekt der *Resonanz* als wechselseitiges Verstehen und Wahrnehmen, das über eine bloße Reaktion hinausgeht. Für Unternehmen bedeutet dies, dass sie nicht schematisch auf Veränderungen antworten, sondern diese als Chance für Veränderung, Weiterentwicklung und Innovation begreifen. Ihre Beziehung zur Umwelt ist dialogisch und von echtem Austausch geprägt – allesamt Aspekte, die nachhaltiges Handeln ermöglichen.

Auch der Systemtheoretiker Luhmann beschreibt Organisationen als autopoietische Systeme, die sich selbst erhalten, indem sie Rückkopplungsschleifen organisieren. (Luhmann, 2002) Der aus unserer Sicht entscheidende nächste Schritt für lebendige Organisationen ist indes, nicht nur adaptiv oder reaktiv zu handeln, sondern auch auf die *unbewussten* Wünsche der Kunden einzugehen und sie als Teil ihrer Narrative im jeweiligen Nutzungskontext einzubinden.

Relationale Agilität und Identifizierung
Betrachten wir nun noch einmal genauer den Aspekt der Identifizierung: Sie ermöglicht es den Mitgliedern einer Organisation, sich gemeinsam auf disruptive Herausforderungen einzulassen. Gerade die Identifizierung mit einer emotional herausfordernden Situation ruft die nötige relationale Agilität auf den Plan, die es Individuen ermöglicht, sich ungeachtet aller Divergenzen als Gruppe oder Team zusammenzufinden und auf die gemeinsame Bewältigung einer Aufgabe einzulassen. Hieraus entstehen Produkte und Dienstleistungen, die im fokussierten Nutzungskontext echte Verbesserungen schaffen.

Unternehmen wie Google und Spotify haben gezeigt, dass Innovation, flache Hierarchien und Mitarbeiterorientierung zentrale Faktoren für ihren Erfolg sind. Veränderungsprozesse können immer seltener erfolgreich „von oben" gesteuert werden; erfolgversprechender erscheint es, wenn sie sich dynamisch aus den Wettbewerbsherausforderungen ableiten, mit denen die Organisation konfrontiert ist.

Die Herausforderung für das Management besteht darin, ausreichende Mechanismen zur Integration und Koordination bereitzustellen, während gleichzeitig sichergestellt wird, dass Veränderung und Anpassung an den Rändern der Organisation lokal angemessen bleiben.

Besonders wichtig ist dabei, die Geschwindigkeit richtig einzuschätzen, mit der Veränderungen in der Kundenbeziehung erforderlich sind, und das entsprechende Maß an relationaler Agilität zu entwickeln. Das betrifft ebenso die doppelte Aufgabe, die ein Individuum innerhalb einer Organisation erfüllt, als auch wie diese doppelte Aufgabe dadurch erweitert wird, dass die Organisation sich selbst an die unterschiedlichen Bedürfnisse ihrer Kunden in einer wettbewerbsfähigen und nachhaltigen Weise anpassen muss.

Die Kehrseite des Diskurses

In Unternehmen lässt sich häufig beobachten, dass sich Diskurse und die daran anknüpfenden Narrative in Widersprüche verstricken und schließlich ad absurdum führen. Mitarbeitende nehmen diese Spannungen durchaus wahr, doch werden sie meist nur hinter vorgehaltener Hand thematisiert. Ein Beispiel dafür sind Organisationen, die in ihrer eigenen Erfolgsgeschichte gefangen bleiben: Statt sich weiterzuentwickeln, erschöpfen sich ihre Narrative in rigiden Routinen.

Kommen wir daher noch einmal auf die Fetischismustheorie zurück, denn sie bietet eine weitergehende Perspektive auf dieses Phänomen. Freud (1927e) beschreibt den Fetischismus als eine Abwehrhaltung gegenüber der Anerkennung eines Mangels – einer Leerstelle, die Angst auslöst. Auf Organisationen übertragen bedeutet dies, dass sie eine Fantasie der Vollständigkeit und Perfektion aufrechterhalten, während sie bestehende Widersprüche und Defizite ignorieren. Führungskräfte und Mitarbeitende entwickeln eine ‚fetischistische' Bindung an bestehende Strukturen und Prozesse, was Innovation erstickt und die Fähigkeit zur flexiblen Anpassung an neue Herausforderungen hemmt. Sie verharren in einer Illusion der Stabilität, die zwar Sicherheit suggeriert, letztlich aber dazu führt, dass die Organisation erstarrt und unempfänglich für notwendige Veränderungen bleibt.

Lacan (1969–70) beschreibt Perversion als eine Position des Subjekts, die auf der Leugnung des Mangels basiert – letztlich eine Weigerung, die eigene Unvollständigkeit anzuerkennen. In Organisationen zeigt sich dies mitunter in einer übermäßigen Orientierung an Perfektion, Planbarkeit, Prozesskontrolle, Erfolgsdruck und Effizienzstreben, welche den dynamischen und kreativen Aspekt des Begehrens unterdrückt. Die ‚Pervertierung' tendiert zu Mechanismen der Unterdrückung und Kontrolle sowie zu einer Verzerrung im Umgang mit Wahrheit und Begehren. So werden etwa Beziehungen instrumentalisiert und das Begehren des einzelnen Mitarbeiters auf Produktivität und Effizienz zurechtgestutzt.

In einer solchen Organisationskultur sind die Mitglieder oft in ein Netz von narrativen Macht- und Wissensstrukturen eingebunden, das eine ungestörte Resonanz zwischen ihnen stört und das Potenzial für Kreativität und Innovation erstickt. Organisationen, die auf diese Weise funktionieren, verlieren ihre Lebendigkeit und erstarren; sie reagieren nur noch auf starke Impulse, anstatt aus eigenem Wollen dynamisch zu wachsen.

Eine lebendige Organisation hingegen akzeptiert die Unvollständigkeit ihrer Strukturen und versteht den Mangel als Voraussetzung für Wandel und Kreativität. Sie strebt eine Balance zwischen Stabilität und Dynamik an, die sowohl das bewusste als auch das unbewusste Potenzial ihrer Mitglieder berücksichtigt. Indem sie ein hinreichend gutes Holding und Containing für diese Unsicherheiten schafft, ermöglicht sie relationale Resonanz und kollektive Kreativität und reduziert Abwehrhaltungen gegenüber dem Mangel.

Was Sie aus diesem *essential* mitnehmen können

- Warum Beziehung heute der zentrale Wirkfaktor in Organisationen ist
- Wie Führungskräfte produktiv mit Ungewissheit, Widersprüchen und Wertdefiziten umgehen können
- Weshalb Narrative sowie unbewusste Dynamiken strategisch bedeutsam sind
- Wie „dynamisches Holding" und „Containment" Veränderungsfähigkeit stärken
- Welche Rolle die Ränder der Organisation für Innovation und Sinnstiftung spielen

Ausblick: Führung als Praxis in Wirtschaft und Politik

Die Analysen in diesem Buch haben gezeigt, dass Führung weit über strategische Steuerung hinausgehen sollte: Führung im digitalen Zeitalter erscheint uns als eine Praxis, die tief in die libidinösen Dynamiken von Organisationen und Märkten eingebettet ist. Denn erfolgreiche Unternehmen sind keine starren Gebilde mehr, sondern lebendige Systeme, in denen Führung zunehmend an die Ränder verlagert wird. (Boxer, 2018) Entscheidend ist nicht allein die Kontrolle von Prozessen, sondern die Fähigkeit, lern- und wissensaffine Beziehungen zu fördern – innerhalb der Organisation ebenso wie im Zusammenspiel mit Kunden und ihren Ökosystemen. Führung bedeutet in diesem Sinne vor allem auch, sich der unbewussten Strukturen des Begehrens bewusst zu werden und sie in die Organisationsgestaltung einzubeziehen. Damit schließt sich der Kreis der Libidoökonomie: Diskurse, Narrative und die Verteilung von Lust und Unlust bestimmen, wie Organisationen sich entwickeln – oder in rigiden Strukturen erstarren. Die Herausforderung für Führungskräfte besteht darin, diese Dynamiken nicht nur zu erkennen, sondern sie produktiv für eine wandlungsfähige und zukunftsfähige Organisation zu nutzen.

Sich am Begehren von Kunden und Mitarbeitenden auszurichten, heißt, auf das zu hören und zu schauen, was ihnen zur Verbesserung ihrer Lebenssituation fehlt. Diese asymmetrische Beziehung verlangt von Führungskräften, dass sie auf die Narrative ihrer Kunden eingehen können. Anders gesagt: Es reicht nicht aus, die Sprache der Kunden zu sprechen; um erfolgreich zu sein, müssen Unternehmen am narrativen Rahmen ihrer Kunden teilhaben. Führung wird so zu einem Prozess der praktischen Bezugnahme auf und Deutung von sich verändernden Situationen derjenigen, für die die Organisation Werte schaffen will.

In diesem Buch haben wir Unternehmen mit Organisationen gleichgesetzt, also mit jeglichen Formen von sozialen Gemeinschaften und Verbünden. Doch auch im gesellschaftlichen und politischen Umfeld reicht es nicht aus, Botschaften zu senden oder Wahlprogramme anzubieten, die abstrakte Lösungen skizzieren.

Auch die politische Führung wird zunehmend daran gemessen, inwieweit sie die Narrative der Bürger versteht, aufgreift und mitgestaltet. Hier wie dort ist die Beziehungsebene entscheidend. Auch Politiker agieren nicht nur als Sprecher ihrer Partei oder ihres Parteiprogramms, sondern als Vermittler zwischen den (unbewussten) Wünschen, Ängsten und den daraus resultierenden Affekten und Gefühlslagen der Mitglieder einer Gesellschaft einerseits und ihrer symbolischen Ordnungen andererseits. Den Unterschied zu früher macht die Innovation der Medientechnik: In unserer digitalisierten und vernetzten Epoche wird politische Führung zu einem kontinuierlichen Prozess der Beziehungsbewältigung in den einschlägigen digitalen Kanälen, bei dem narrative Kohärenz und libidinöse Investitionen zu den entscheidenden Elementen für Vertrauen und Identifizierungsprozesse werden . Das Erstarken populistischer Parteien und extremer politischer Kräfte kann vor diesem Hintergrund als Symptom einer tiefen Krise der Beziehung zwischen den etablierten Parteien und Teilen der Zivilgesellschaft verstanden werden. Viele Menschen fühlen sich von den politischen Akteuren nicht mehr repräsentiert, da diese oft den Eindruck vermitteln, losgelöst von den Narrativen zahlreicher Bürger zu agieren.

Mit der Libidoökonomie der Diskurse haben wir gezeigt, wie Lust und Unlust die Diskursdynamik in Organisationen prägen. Uns ist wichtig herauszustellen, dass unter Organisationen alle Formen von Institutionen zu denken sind. Für Führungskräfte ist es wichtig zu erkennen, dass Diskurse, also die Art und Weise, wie in ihren Organisationen mit Wissen umgegangen wird , von libidinösen Energien und unbewussten Wünschen beeinflusst werden. Diese Kräfte beeinflussen in hohem Maße die Beziehungen und Entscheidungsprozesse. Die Herausforderung besteht darin, diese Dynamiken richtig zu deuten und sie konstruktiv zu nutzen, um die Identifizierungen der Mitarbeiter und Kunden mit der Organisation und ihren Angeboten zu fördern.

Die drängenden Probleme der heutigen Zeit – von Unsicherheit und Komplexität über emotionale Dynamiken bis hin zu Disruptionen technologischer oder geopolitischer Art – erfordern einen tiefgehenden, psychoanalytisch fundierten Zugang, der traditionelle Führungsparadigmen infragestellt und innovative, praxisbezogene Lösungen hervorbringen kann. Dies verlangt von Führungskräften, sich selbst fortlaufend reflexiv zu hinterfragen und Organisationen als dynamische, lebendige Systeme weiterzuentwickeln.

Literatur

Armstrong, D. (2012). „Terms of engagement: Looking backwards and forwards at the tavistock enterprise." *Organisational & Social Dynamics, 12*(1), 106–121.
Armstrong, D. (2018). *Organization in the Mind: Psychoanalysis, Group Relations and Organizational Consultancy.* Taylor & Francis.
Arnaud, G. (2002). The Organization and the symbolic: Organizational dynamics viewed from a lacanian perspective. *Human Relations, 55*(6), 691–716. https://doi.org/10.1177/0018726702556004.
Arnaud, G., & Vanheule, S. (2007). The division of the subject and the organization: A Lacanian approach to subjectivity at work. *Journal of Organizational Change Management, 20*(3), 359–369.
Bion, W. R. (1961). *Experiences in Groups.* Tavistock Publications.
Bion, W. R. (1992a). *Lernen durch Erfahrung.* Suhrkamp. (Originalarbeit veröffentlicht 1962).
Bion, W. R. (1992b). *Elemente der Psychoanalyse.* Suhrkamp. (Originalarbeit veröffentlicht 1963).
Boxer, P. J., & Eigen, C. A. (2005). Reflexive team supervision: Questioning ‚by whose authority'. *Organizational and Social Dynamics, 5*(2), 257–279.
Boxer, P. J., & Eigen, C.A. (2005b). „Taking power to the edge of the organisation: Reforming role as praxis." *In Annual Meeting of the ISPSO,* Baltimore.
Boxer, P. J. (2011b). The Twitter revolution: How the internet has changed us. In H. Brunning (Hrsg.), *Psychoanalytic Reflections on a Changing World.* Karnac.
Boxer, P. (2013). What makes leadership asymmetric? https://asymmetricleadership.com/2013/10/20/what-makes-leadership-asymmetric/.
Boxer, P. J. (2014). ‚Defences against innovation: The conservation of vagueness.' In D. Armstrong & M. Rustin (Hrsg.), *Defences Against Anxiety: Explorations in a Paradigm.* Karnac.
Boxer, P. J. (2016). On psychoanalysing organisations and using psychoanalytic language: Are we entering a third epoch?. Lacanticles. https://lacanticles.com/on-psychoanalysing-organisations-and-using-psychoanalytic-language-are-we-entering-a-third-epoch/.
Boxer, B. J. (2017). Speaking out on psychoanalysing organisations: Why we need a third epoch. *Organizational and Social Dynamics, 17*(2), 259–266.

© Der/die Herausgeber bzw. der/die Autor(en), exklusiv lizenziert an Springer-Verlag GmbH, DE, ein Teil von Springer Nature 2025
M. Senarclens de Grancy, *Arbeitsplätze sind Beziehungsplätze*, essentials,
https://doi.org/10.1007/978-3-662-71436-2

Boxer, P. J. (2018). „On becoming edge-driven – working with the Double Subjection of Organizations." In Working Paper: Boxer Research Ltd.

Boxer, B. J. (2020). An organisation's leadership must sustain a circulation of discourses. https://asymmetricleadership.com/2020/04/13/an-organisations-leadership-must-sustain-a-circulation-of-discourses/. Zugegriffen: 16. Nov. 2024.

Boxer, P. J. (2023). Balancing normative and ‚edge' roles in turbulent environments. https://asymmetricleadership.com/2023/12/27/balancing-normative-and-edge-roles-in-turbulent-environments/. Zugegriffen: 18. Nov. 2024.

Boxer, P. J. (2024). The doubling of the double task. https://asymmetricleadership.com/2024/02/22/the-doubling-of-the-double-task/. Zugegriffen: 20. Jan. 2025.

Bridger, H. (1990). ‚Courses and working conferences as transitional learning institutions.' in E. Trist & H. Murray (Hrsg.), *The Social Engagement of Social Science (Free Association Books)*.

Datler, W., Lazar, R., & Trunkenpolz, K. (2012). Lust und Leid im Erkunden der inneren Welt von Organisationen. In G. Diem-Wille & A. Turner (Hrsg.), *Die Methode der psychoanalytischen Beobachtung* (S. 94–114). Facultas Verlags- und Buchhandelsgesellschaft.

Driver, M. (2009). Struggling with Lack: A Lacanian Perspective on Organizational Identity. *Organization Studies, 30*(1), 55–72.

Drucker, P. (1993). *Post-Capitalist Society*. Harper Business.

de Geus, A. (1997). *The Living Company: Growth, Learning and Longevity in Business*. Nicholas Brealey.

Fraher, A. L. (2004). Systems psychodynamics: The formative years of an interdisciplinary field at the tavistock institute. *History of Psychology, 7*(1), 65–84.

Freud, S. (1905d). Drei Abhandlungen zur Sexualtheorie. *Gesammelte Werke, Band V*, 33–145.

Freud, S. (1921c). Massenpsychologie und Ich-Analyse. *Gesammelte Werke*.

Freud, S. (1927e). Fetischismus. *Gesammelte Werke, XIV*, 311–317.

Freud, S. (1930a). Das Unbehagen in der Kultur. *Gesammelte Werke, XIV*, 419–506. Fischer.

Freud, S. (1950c [1895]). Entwurf einer Psychologie. *Gesammelte Werke, Bd. I*. Fischer.

Gabriel, Y. (2016). Psychoanalysis and the study of organization. In R. Mir, H. Willmott, & M. Greenwood (Hrsg.), *The Routledge Companion to Philosophy in Organization Studies* (S. 212–225). Routledge.

Giernalczyk, T., Lohmer, M., & Albrecht, C. (2013). Containment im Coaching. *Organizational and Social Dynamics, 20*(4), 425–435.

Harding, N. (2007). On Lacan and the „Becoming-ness" of organizations/selves. *Organization Studies, 28*(11), 1761–1773.

Hirschhorn, L. (1997). The primary risk. In B. Sievers (Hrsg.), *Psychodynamic Studies of Organizations* (S. 153–174). Karnac.

Kennel, R. (2012). *Bions Container-Contained-Modell – und die hieraus entwickelte Denktheorie*. Vandenhoeck & Ruprecht.

Kets de Vries, M. F. R. (1984). *Organizational Paradoxes: Clinical Approaches to Management*. Routledge.

Lacan, J. (1955–1956). Das Seminar, Buch 3. Die Psychosen. *Übersetzt von Michael Turnheim nach dem von Jacques-Alain Miller hergestellten französischen Text* (1. Aufl.), Quadriga, 1997. (2. Aufl.), Nachdruck mit gleicher Seitenaufteilung. Turia und Kant, 2016.

Lacan, J. (1964). Das Seminar, Buch 11. *Die vier Grundbegriffe der Psychoanalyse.* Suhrkamp. (Originalarbeit veröffentlicht 1978).
Lacan, J. (1969–1970). *Das Seminar, Buch 17. Die Kehrseite der Psychoanalyse. Das Seminar, Buch XVII* (1969–1970). Texterstellung durch Jacques-Alain Miller. Aus dem Französischen von Hans-Dieter Gondek.
Laloux, F. (2014). *Reinventing Organizations.* Verlag Franz Vahlen.
Lazar, R. A. (2000). Das Individuum, das Unbewusste und die Organisation. In R. Eckes-Lapp & R. A. Lazar, *Psychoanalyse, Group Relations und Organisationen: Konfliktbearbeitung nach dem Tavistock Arbeitskonferenzmodell.* In M. Lohmer (Hrsg.), *Psychodynamische Organisationsberatung* (S. 40–78). Klett-Cotta.
Lazar, R. A. (2002). Container-Contained. In W. Mertens & B. Waldvogel (Hrsg.), *Handbuch psychoanalytischer Grundbegriffe* (S. 114–118). Kohlhammer.
Lohmer, M. (Hrsg.). (2000). *Psychodynamische Organisationsberatung. Konflikte und Potentiale in Veränderungsprozessen.* Klett-Cotta.
Lohmer, M., & Möller, H. (2014). *Psychoanalyse in Organisationen. Einführung in die psychodynamische Organisationsberatung.* Kohlhammer.
Luhmann, N. (2002). *Introduction to Systems Theory.* Polity Press.
Lüdemann, M. (2024). Die Wurzeln und die Entwicklung des ‚systemisch-psychodynamischen Ansatzes'. In M. G. Feil & C. Rodriguez Drescher (Hrsg.), *Systemisch-psychodynamische Organisationsberatung* (S. 23–62). Psychosozial Verlag.
Lyotard, J.-F. (1979). *La condition postmoderne: Rapport sur le savoir.* Les Editions de Minuit.
Mayo, E. (1933). *The Human Problems of an Industrial Civilization.* The Macmillan Company.
Mendes, T., & R. D. Hinshelwood, (Hrsg.). (2025). *Containment, Organisations and the Working Task.* Routledge.
Pine, B. J., & Gilmore, J. H. (1999). *The Experience Economy: Work Is Theatre & Every Business a Stage.* Harvard Business Review Press.
Prahalad, C. K., & Ramaswamy, V. (2004). *The Future of Competition: Co-Creating Unique Value with Customers.* Harvard Business Review Press.
Rice, A. K. (1958). *Productivity and Social Organization, the Ahmedabad Experiment; Technical Innovation, Work Organization, and Management.* Tavistock Publications.
Rice, A. K. (1965). *Learning for Leadership: Interpersonal and Intergroup Relations.* Karnac.
Rice, A. K. (1965). *Führung und Gruppe.* Klett.
Rosa, H. (2016). *Resonanz. Eine Soziologie der Weltbeziehung.* Suhrkamp.
Schwartz, B. (2009). The Paradox of Choice: Why More Is Less, Revised Edition Harper Collins.
Senge, P. (1996). *Die fünfte Disziplin. Kunst und Praxis der lernenden Organisation.* Klett-Cotta.
Stehr, N. (2001). *The Fragility of Modern Societies: Knowledge and Risk in the Information Age.* SAGE Publications.
Steiner, J. (1985). Turning a blind eye: The cover up for Oedipus. *International Review of Psycho-Analysis, 12,* 161–172.
Taylor, F. W. (1911). *Die Grundsätze wissenschaftlicher Betriebsführung.* Salzwasser. (Neuauflage 2011).
Tomšič, S. (2019). *The Labour of Enjoyment.* August Verlag.

van Dick, R. (2016). *Identifikation und Commitment fördern*. Hogrefe.
Western, S. (2008). *Leadership: A Critical Text*. SAGE Publications.
Wheatley, M. (1999). *Leadership and the New Science: Discovering Order in a Chaotic World*. Berrett-Koehler Publishers.
Zuboff, S. (1984). *In the Age of the Smart Machine: The Future of Work and Power*. Basic Books.

MIX
Papier aus verantwortungsvollen Quellen
Paper from responsible sources
FSC® C105338
www.fsc.org

If you have any concerns about our products,
you can contact us on
ProductSafety@springernature.com

In case Publisher is established outside the EU,
the EU authorized representative is:
**Springer Nature Customer Service Center GmbH
Europaplatz 3, 69115 Heidelberg, Germany**

Printed by Libri Plureos GmbH
in Hamburg, Germany